First Date

Das Kochbuch für das erste Mahl

Text, Gestaltung, Illustration
Helge Jepsen

Rezepte
Frank David

HÄDECKE

Satz: Thomas Chiari, Marx Werbeagentur, Essen
Druck: fgb, Freiburg
Printed in Germany, 2001

Walter Hädecke Verlag
D-71256 Weil der Stadt

1. Auflage 2001

ISBN 3-7750-0355-X

Inhalt

(v) – vegetarisch

Erklärung

So merkwürdig es klingen mag, Unfähigkeit in vielerlei Belangen führte zu diesem Buch.
Da ist zunächst einmal unser komplettes Unvermögen, trotz blendenden Aussehens, exquisiter Manieren und randvoller Konten irgendeine Frau derart zu beeindrucken, dass sie freiwillig bis zur Nachspeise bleibt.
Der eine von uns beiden ist von Geburt an nicht in der Lage, aus z.B einer Scheibe Brot, ein wenig Butter und Marmelade etwas Essbares zu zaubern.
Dem anderen ist es nahezu unmöglich, einen ganzen Satz zu sprechen, vom Lesen und Schreiben hat er laut eigener Aussage „nie gehört".
Die wenigen stümperhaften Versuche unsererseits, eine Dame für einen netten Abend zu zweit zu gewinnen, schlugen in der Regel fehl, dass Gott erbarm.
„Hast Du ´mal Feuer?" z.B. flog aufgrund der falschen Garderobe (ein T-Shirt mit dem Aufdruck „Ich HASSE Raucher! Ihr verpestet MEINE Luft!") in Sekundenschnelle als offensichtliche Lüge auf.
„Kennen wir uns nicht irgendwoher?" brachte einen von uns wahrscheinlich wegen einer Verwechslung und der dazugehörigen Geschichte ohne viele Umwege in die Unfallchirurgie.
War es uns trotz allem einmal gelungen, eine Frau zu einem gemeinsamen Abend zu bewegen, blieb dieser in der Regel der einzige, da uns nichts Besseres einfiel, als mit dem Objekt der Begierde ins Kino, ins Restaurant oder in die Stammkneipe zu ziehen.
Gute Gespräche führt man mit Sicherheit nicht bei „Return of the Doom Monster VII".
Im Restaurant bringt spätestens zum Dessert das obligatorisch über den Häuptern schwebende „zudiroderzumir?" jede lockere Stimmung ins Taumeln.
Und wer sich in seiner Stammkneipe ob der inspizierenden Blicke der Stammgäste nicht mindestens splitterfasernackt vorkommt, der ist entweder schwer gefühlskalt oder braucht nötigst eine Brille.
Auswärts konnte die ganze Chose also nur anständig misslingen, des Rätsels Lösung war ein erstes Rendezvous in den eigenen vier Wänden, mit einem vorzüglichen Menu. Drei Gänge, nicht zu viel und nicht zu wenig, die auch der Ungeschickteste, den Gott schuf, würde zubereiten können.
Unaufdringliche Musik müsste den Raum berieseln, stilvoll dekoriert sollte alles sein. Garderobe und Wein wären mit Bedacht zu wählen.
Wir hatten es! Beim nächsten Mal würde es laufen! Und zwar rund!
Da wir allerdings immer noch eine enorme Angst davor hatten, die erstbeste Möglichkeit dann doch wieder zu verbaseln, wurde vorsichtshalber alles schön mitgeschrieben.
Hätten wir das Notierte nun eins zu eins umgesetzt, wäre der erste Abend wohl wie folgt abgelaufen:
Man hätte den braunen, nein, den grauen, nein, den schwarzen Anzug angezogen, nein, lieber doch nur ein frisch gebügeltes Hemd zu einer Flanellhose oder der Bundfaltenhose oder, nein: der Chino. Man hätte schön Klassik aufgelegt oder doch lieber leichten Jazz, ach was, einen ergreifenden Schnulzensoundtrack.
Man hätte den Tisch der Jahreszeit entsprechend dekoriert, oder doch besser nur ein weißes Tischtuch aufgelegt, mit gestärkten Tuchservietten, obwohl: schlichte Papierservietten tun´s auch und wirken nicht so förmlich, und dann hätte es als Vorspeise ein Kartoffellauchsüppchen gegeben, Blödsinn, Crevettensalat oder lieber

Tafelspitz, nein: Rauchfischduett, gefolgt von Cranberrysauerbraten oder Zanderfilet oder Cordon Bleu oder Lamm, um schließlich das Ganze durch Arme Ritter, Panna Cotta und/oder Vanilleeis abzurunden und danach einen Aquavit, ach wo, einen Espresso, oder nein, eine Zigarre zu reichen! Toller Abend...
Wir waren also im Grunde, was unser Privatanliegen betraf, keinen Zentimeter weiter, stellten aber erfreut fest, dass wir zwei Strategen so nebenbei gerade die kompletten Zutaten für gleich mehrere gelungene First Dates zusammengetragen hatten. Und da wir recht flugs begriffen, dass wir für uns ob vorher genannter Unfähigkeiten sowieso jedwede Chance auf einen solchen Abend abhaken konnten, dachten wir großherzig sofort an die Anderen. An alle Anderen!
Sollten die doch das ausleben dürfen, was wir erträumten!
Wir hatten das Ganze nur noch in eine Buchform zu packen und auf den Markt zu feuern.
Unser Verleger hat entweder aus Mitleid, oder weil er es tatsächlich für etwas Sinnvolles hielt, dem Projekt „First Date – Das erste Mahl“ seinen Segen gegeben und die Ergüsse unserer kleinen Selbsthilfegruppe in sein Verlagsprogramm aufgenommen, weswegen Sie sie jetzt in Ihren Händen halten können.
Wir hoffen, Sie haben Spaß und Erfolg bei der Zubereitung des ersten Mahls, ob von ihr für ihn, von ihr für sie, von ihm für sie oder von ihm für ihn.
Falls Sie als Hobbynörgler Modifizierungen an den Rezepturen oder anderweitige Änderungen vornehmen möchten, so müssen Sie nicht die von uns absichtlich bedruckten Seiten schänden, sondern können hierfür die ausschließlich zu diesem Zwecke freigelassene Notizabteilung nutzen. Den Schwerenötern unter Ihnen geben wir mit dem Telefonregister die Möglichkeit, den Überblick zu wahren. Die wie auch immer Erfolgreichen wird es freuen, dass auf Seite 84 eine kleine Frühstücksauswahl ihren Platz fand.
In diesem Sinne: Machen Sie's besser, wir gönnen es Ihnen von Herzen.
Ehrlich.

Helge Jepsen
Frank David

Ein herzliches Dankeschön an Thomas Chiari, Wiglaf Droste, Maren Franke, Susanne Huvermann, Beate Kleinschmidt-Richter, Vincent Klink, Frank Georg Lucas, Stephan Marx, Athanasios Papapostolou, Jan-Michael Richter, Wolf Schily, Torsten Seuss, Ulrich Stokvis und Thomas Zeien.
Und den Mamas und Papas.

Sweeney's
Delicious
CANNED
TOMATO
Soup
Sweeney's
CANNED
Contains:
2 Cups Of
Delicious
Tomato-

Romatomatencreme
mit Crème fraîche

Rinderfiletscheiben
in Burgundersauce
mit Kartoffelschmorgemüse

Mandarinen-Crêpes
mit Amarettosahne

Romatomatencreme mit Crème fraîche
Rinderfiletscheiben in Burgundersauce mit Kartoffelschmorgemüse
Mandarinen-Crêpes mit Amarettosahne

Zutaten Romatomatencreme
8 Romatomaten
1 Schalotte
2 EL Olivenöl
100 ml Rotwein
100 ml Gemüsebrühe
1 Prise Oregano
1 Prise Basilikum
etwas Schnittlauch
2 TL Crème fraîche
Salz und Pfeffer, frisch gemahlen

Zutaten Rinderfilet
etwas Öl
200 g Kartoffeln (festkochend)
1/2 rote Paprika
1/2 gelbe Paprika
2 Zwiebeln
1 Tomate
1/2 Zucchini
1/2 Aubergine
50 g Bauchspeck, gewürfelt
1 Schalotte
300 g Rinderfilet
100 ml Burgunder
2 TL Bratensauce
etwas Petersilie
etwas Olivenöl
Salz und Pfeffer, frisch gemahlen

Zutaten Crêpes
60 g Mehl
1 Ei
125 ml Milch
60 g flüssige Butter
1 Prise Salz
1 Prise Zucker
1 Mandarine
100 ml süße Sahne
etwas Butter
2 cl Amaretto

Romatomatencreme mit Crème fraîche
Rinderfiletscheiben in Burgundersauce mit Kartoffelschmorgemüse
Mandarinen-Crêpes mit Amarettosahne

Zubereitung Romatomatencreme
1. Romatomaten waschen und den Stielansatz mit einem Messer entfernen. Tomaten in Würfel schneiden.
2. Schalotte schälen und klein würfeln.
3. Olivenöl in einem Topf erhitzen, die Schalotten und Romatomatenwürfel darin leicht anrösten.
4. Mit dem Rotwein ablöschen und dann mit der Gemüsebrühe auffüllen.
5. Oregano und Basilikum hinzufügen.
6. Alles ca. 45 Minuten bei milder Hitze einkochen lassen.
7. Mit einem Pürierstab pürieren, mit Salz und Pfeffer abschmecken.
8. Zur Dekoration den Schnittlauch in feine Röllchen schneiden. Jeweils einen Esslöffel Crème fraîche in die Suppe geben und den Schnittlauch drüber streuen, sofort servieren.

Zubereitung Rinderfilet
Am Vortag Pellkartoffeln in Salzwasser gar kochen. Abschütten, kalt werden lassen und pellen.

1. Paprikaschoten entkernen, Zwiebeln schälen und mit der Tomate, Zucchini und Aubergine in 1x1 cm große Stücke schneiden.
2. Olivenöl in einem Topf erhitzen. Zuerst die Zwiebel, dann den Rest hinzufügen. Zum Schluss die Tomaten beigeben. Alles ca. acht Minuten schmoren lassen, mit Salz und Pfeffer würzen.
4. Pellkartoffeln in Scheiben schneiden.
5. Öl in einer Pfanne erhitzen, zuerst den Bauchspeck, dann die Kartoffeln und kurz vor Schluss, wenn die Kartoffeln braun gebraten sind, die geschälten und in Streifen geschnittenen Zwiebeln hinzugeben. Zwiebeln Farbe nehmen lassen und mit Salz und Pfeffer würzen.
6. Rinderfilet in vier gleich große Scheiben schneiden, Schalotte schälen und in feine Würfel schneiden.
7. Öl in einer Pfanne erhitzen, Backofen auf 70°C vorheizen. Die Rinderfiletscheiben würzen und von beiden Seiten ca. drei Minuten braun anbraten. Aus der Pfanne herausnehmen und im vorgeheizten Backofen warm stellen.
8. Öl aus der Pfanne abgießen, Schalotten anbraten, mit dem Burgunder ablöschen, Bratensauce hinzugeben und aufkochen lassen.
9. Alles auf zwei Tellern anrichten, die Rinderfiletscheiben mit der Sauce übergießen und mit der gehackten Petersilie bestreuen.

Zubereitung Crêpes mit Mandarinen
1. Mehl, Ei, Milch, flüssige Butter, Salz und Zucker zu einem Teig verrühren.
2. Mandarinen schälen und in Segmente teilen.
3. Sahne steif schlagen.
4. Eine kleine Pfanne erhitzen, mit etwas Butter ausfetten. Teig einfüllen,von beiden Seiten backen und so vier Crêpes ausbacken.
5. Jeweils zwei Crêpes zusammengerollt auf einem Teller anrichten, Mandarinen dazu legen, mit der Sahne dekorieren und den Amaretto darübergießen.

Mimoletta
(Belgium)
Brie
(France)
Gjetost
(Norway)
Feta
(Greece)
Stilton
(England)
Emmentaler
(Switzerland)
Danablu
(Denmark)
Bel Paese
(Italy)
Lieblich's
IMPORTED EUROPEAN CHEESE
J.LIEBLICH TRADING CO.-DENVER, COLORADO, USA

Marinierter Tafelspitz
an Feldsalat

Lachsforellenfilet
in Kräutercrevettensauce
auf Rahmporree

Weißkäse
mit Waldbeeren

Marinierter Tafelspitz an Feldsalat
Lachsforellenfilet in Kräutercrevettensauce auf Rahmporree
Weißkäse mit Waldbeeren

Zutaten Tafelspitz
1 Möhre
1 Zwiebel
1 Nelke
1 Lorbeerblatt
200 g Tafelspitz
etwas Salz
etwas Petersilie
8 EL Olivenöl
3 EL Himbeeressig
1 TL süßer grobkörniger Senf
1 Schalotte
1 Zweig Thymian
1 EL Honig
150 g Feldsalat
Salz und Pfeffer, frisch gemahlen

Zutaten Lachsforelle
2 Stangen Porree (Lauch)
1 Schalotte
20 g Butter
150 ml süße Sahne
1 Prise Muskatnuss
300 g Lachsforelle
40 g Crevetten
50 ml trockener Weißwein
etwas Petersilie
etwas geschnittener Schnittlauch
1 Sträußchen Dill
etwas Öl zum Braten
Salz und Pfeffer, frisch gemahlen

Zutaten Weißkäse
100 g Quark
30 g Vanillezucker
1 Vanilleschote
1/2 Zitrone
2 Eiweiß
etwas Butter
gehobelte Mandeln
2 cl Cassis

Marinierter Tafelspitz an Feldsalat
Lachsforellenfilet in Kräutercrevettensauce auf Rahmporree
Weißkäse mit Waldbeeren

Zubereitung marinierter Tafelspitz
Am Vortag:
1. Möhre schälen, in walnussgroße Stücke schneiden. Zwiebel schälen und mit der Nelke und dem Lorbeerblatt spicken.
2. Den Tafelspitz in einen Topf mit Wasser geben.
3. Die in Stücke geschnittene Möhre, die gespickte Zwiebel, etwas Salz und die Petersilie hinzugeben, aufkochen und ca. 3 Stunden köcheln lassen, bis der Tafelspitz weich ist.
4. 2 EL Olivenöl, 1 EL Himbeeressig, Senf, Schalotte und Thymian mit einem Schneebesen vermengen und würzen.
5. Tafelspitz aus dem Sud nehmen und in die Marinade legen, ca. 24 Stunden ziehen lassen.
Am selben Tag
6. 6 EL Olivenöl, 2 EL Himbeeressig und Honig mit einem Schneebesen vermengen und würzen.
7. Feldsalat waschen, auf zwei Tellern anrichten. Tafelspitz in dünne Scheiben schneiden, an den Salat anlegen, die Vinaigrette über den Salat gießen und etwas Marinade über den Tafelspitz verteilen.

Zubereitung Lachsforelle
1. Beim Porree das Würzelchen abschneiden und die Porreestange halbieren. Die Hälften in Streifen schneiden. In einem Sieb, unter fließendem kalten Wasser säubern und abtropfen lassen. Schalotte schälen und in feine Würfel schneiden.
2. Butter in einem Topf leicht erhitzen, Porreestreifen anschwitzen. Sahne zugießen, mit Salz, Pfeffer und Muskatnuss abschmecken. Sämig einkochen lassen.
3. Öl in einer Pfanne erhitzen. Backofen auf 80°C vorheizen.
4. Lachsforelle in zwei gleich große Stücke schneiden, würzen und von beiden Seiten goldbraun anbraten. In den vorgeheizten Backofen stellen.
5. Öl aus der Pfanne abgießen, in der Pfanne dann die Crevetten und Schalottenwürfel anschwitzen, mit dem Weißwein ablöschen, die Sahne zugeben und einkochen lassen.
6. Zum Schluss die Kräuter zufügen und mit Salz und Pfeffer abschmecken.
7. Porree auf zwei Tellern anrichten, die gebratenen Forellenfiletstücke dazu legen und mit der Crevettensauce übergießen. Mit einem Dillfähnchen dekorieren.

Zubereitung Weißkäse
1. Quarkmasse in ein sauberes Küchentuch einschlagen, etwas auspressen und dann in einem Abtropfsieb ca. zwei Stunden kühl stellen.
2. Vanillestange mit einem Messer halbieren und das Vanillemark mit einem Löffel auslösen. Quark, ausgelöstes Vanillemark, Vanillezucker und Abgeriebenes von der Zitrone vermengen.
3. Das Eiweiß steif schlagen und vorsichtig unterheben. In eine passende Kastenform geben und nochmals kaltstellen, bis der Weißkäse anzieht.
4. Butter in einer Pfanne erhitzen und darin die Mandelblättchen anbräunen.
5. Weißkäse in Stücke schneiden und auf zwei Tellern anrichten. Die gebräunten Mandeln zugeben und mit dem Cassis übergießen.

NEU!
Einfach Pfundig!
Jetzt ganz neu: Wacker Mathild´s Knödel- Fertigmischung!
So einfach wie nie, so lecker wie immer!
FEINES
MEHL
250g
WACKER MATHILD
Benütze stets das gute Mehl von der
Wacker Mathild
Mühle Wacker Mathild, Altötting-Wiese, Oberbayern

Avocado-Crevettensalat

Cranberry-
Balsamicosauerbraten
von der Lammhüfte
an Serviettenknödel
mit Broccoli

Gewürztraminergelee

Avocado- Crevettensalat
Cranberry-Balsamicosauerbraten von der Lammhüfte an Serviettenknödel mit Broccoli
Gewürztraminergelee

Zutaten Avocado- Crevettensalat
4 weiße Champignons
1 Möhre
1 reife Avocado
1 Schalotte
1 Schälchen Kresse
2 EL Aceto Balsamico
1 EL Zitronensaft
6 EL Olivenöl
Salz und Pfeffer, frisch gemahlen

Zutaten Cranberrysauerbraten
1 Zwiebel
1 Möhre
1 Stange Lauch
2 Lammhüften (je ca. 150 g)
1 Lorbeerblatt
2 Wacholderbeeren
125 ml Aceto Balsamico
100 g Cranberrys
50 g Zucker
20 g Fett
4 altbackene Brötchen
20 g durchwachsener Speck
1 kleine Zwiebel
80 ml Milch
1 kleiner Bund Petersilie
30 g Butter
3 Eier
160 g Broccoliröschen
Salz und Pfeffer, frisch gemahlen

Zutaten Gewürztraminergelee
1 unbehandelte Zitrone
30 g Puderzucker
250 ml Gewürztraminer
150 g süße Trauben, kernlos
3 Blatt weiße Gelatine
Dessert- Vanillesauce zum Dekorieren

Avocado- Crevettensalat
Cranberry-Balsamicosauerbraten von der Lammhüfte an Serviettenknödel mit Broccoli
Gewürztraminergelee

Zubereitung Avocado- Crevettensalat
1. Die Pilze säubern und in Scheiben schneiden.
2. Möhre schälen und auf einer groben Reibe raspeln.
3. Avocado schälen, entkernen und in Würfel schneiden.
4. Schalotte schälen und in feine Würfel schneiden.
5. Die Zutaten vermengen und auf zwei Tellern anrichten.
6. Aceto Balsamico, Olivenöl und Zitronensaft mischen, mit Salz und Pfeffer abschmecken.
7. Die Sauce über den Salat verteilen.
8. Die Kresse abschneiden und den Salat damit dekorieren.

Zubereitung Cranberry- Sauerbraten
Am Vortag
1. Zwiebeln, Möhre und Lauch zerkleinern. Zusammen mit dem Fleisch, Lorbeer, Wacholder sowie jeweils 100 ml Rotwein und Aceto Balsamico 24 Stunden einlegen.
Am selben Tag
2. Cranberries mit 50 g Zucker und 50 ml Wasser in einen Topf geben und aufkochen. Solange kochen, bis die Cranberries aufplatzen, dann zur Seite stellen.
3. Fleisch aus der Marinade nehmen, gut abtropfen lassen und mit einem Küchentuch abtupfen.
4. Fett in einer Pfanne erhitzen und das auf der Fettseite eingeschnittene Fleisch auf beiden Seiten gut anbraten. Dann ca. 1 Stunde bei mittlerer Hitze schmoren lassen.
5. Fleisch warm halten, Fett abgießen und den Bratensatz mit dem restlichen Rotwein und Aceto Balsamico ablöschen.
6. Das Ganze ca. 10 Minuten einköcheln lassen.
7. Ganz zum Schluss die Cranberries zugeben.

Zubereitung Serviettenknödel
1. Brötchen in Würfel von 1 x 1 cm schneiden. Speck und Zwiebel fein würfeln.
2. Speck in einer Pfanne auslassen, dann die Zwiebeln zugeben und braten, bis sie glasig sind.
3. Lauwarme Milch aufgießen und quellen lassen.
4. Petersilie hacken und mit der flüssigen Butter sowie 3 Eiern unter die Masse heben, mit Salz und Pfeffer abschmecken.
5. Ein Tuch oder eine Serviette unter fließendem Wasser anfeuchten, Masse darauf verteilen und eine Rolle formen, mit einem Küchenfaden die Enden zubinden.
6. Ein Wasserbad auf 70°C erhitzen, Rolle hineingeben und ca. 60 Minuten darin ziehen lassen.
7. Herausnehmen, abtropfen lassen, auswickeln und in fingerdicke Scheiben schneiden.
8. Broccoliröschen gar kochen und alles zusammen auf zwei Tellern anrichten.

Zubereitung Gewürztraminergelee
1. Die Zitronenschale abraspeln.
2. Puderzucker mit Gewürztraminer und den Zitronenzesten aufkochen und auf 1/3 einkochen lassen.
3. Während des letzten Drittels der Kochzeit die Trauben hinzugeben und aufpassen, dass diese nicht platzen.
4. Die Gelatine in kaltem Wasser einweichen.
5. Den Topf vom Herd nehmen und die Gelatine handausgedrückt in der nicht kochenden Flüssigkeit auflösen und abkühlen lassen.
6. Zwei Kaffeetassen oder andere passende Gefäße mit etwas Butter einfetten, mit Klarsichtfolie auslegen und die Flüssigkeit einfüllen.
7. Ca. 2 Stunden im Kühlschrank fest werden lassen.
8. Die Kaffeetassen kurz anwärmen und das Gewürztraminergelee auf zwei Teller stürzen.

Liebes-
DOLL
mit
MARONEN
125g/net.
von
HANS DOLL DELICATESSEN
FRANKFURT/MAIN
Jetzt neu im Programm: DOLL- Stockschwämmchen und Speisemorchel!

Scampi Provençal
mit gebratenen
Pilzen à la Crème

Panierte Kalbsschnitzel
Cordon Bleu
mit Broccoli
und Nusskartoffeln

Williamsbirne
mit Karamellcreme

Scampi Provençal mit gebratenen Pilzen à la Crème
Panierte Kalbsschnitzel Cordon Bleu mit Broccoli und Nusskartoffeln
Williamsbirne mit Karamellcreme

Zutaten Scampi
6 Reisengarnelen (Größe 8/12)
100 g gemischte Waldpilze
1 Schalotte
1 Knoblauchzehe
1 Tomate
etwas Butter
50 ml Sahne
etwas Olivenöl
etwas Mehl
frische, gezupfte Kräuter (Rosmarin, Thymian etc.)
Salz und Pfeffer, frisch gemahlen

Zutaten Cordon Bleu
200 g neue Kartoffeln
150 g Broccoliröschen
2 Kalbsschnitzel (vom Metzger als Tasche geschnitten)
2 Scheiben junger Gouda
2 Scheiben gekochter Schinken
etwas Butter
20 g Mandeln (gehobelt)
etwas Mehl und Paniermehl
1 Ei
Salz und Pfeffer, frisch gemahlen

Zutaten Williamsbirne
1/4 l Wasser
330 g Zucker
1 Birne
1/2 l Milch
20 g Puddingpulver
1 Eigelb
1/4 l Sahne
20 cl Rum
etwas Schokoladenpulver

Scampi Provençal mit gebratenen Pilzen à la Crème
Panierte Kalbsschnitzel Cordon Bleu mit Broccoli und Nusskartoffeln
Williamsbirne mit Karamellcreme

Zubereitung Scampi

1. Scampi von der Schale befreien. Mit einem scharfen Messer längs über den Rücken die Garnelen ca. 1 Zentimeter tief einschneiden und den Darm entfernen.
2. Waldpilze säubern und in Scheiben schneiden. Schalotten schälen und in Würfel schneiden. Knoblauchzehe schälen und ebenfalls klein würfeln. Von der Tomate den Stielansatz entfernen und diese in Würfel schneiden.
3. In einer Pfanne die Butter erhitzen, die Waldpilze darin anbraten.Das Fett abgießen, die Sahne zugeben und einkochen.
4. In einem Topf das Olivenöl erhitzen, Garnelen würzen, in Mehl wälzen und in Olivenöl anbraten. Erst die Schalottenwürfel, dann die Tomatenwürfel und den Knoblauch zugeben, alles zusammen etwas schmoren lassen, zum Schluss die Kräuter hinzufügen und alles nochmals durchschwenken.
5. Die Pilze à la Crème auf zwei Teller geben, die Garnelen darauf legen und servieren.

Zubereitung Cordon Bleu

1. Neue Kartoffeln waschen und in einem Topf mit etwas Salzwasser und Kümmel gar kochen.
2. Broccoliröschen eventuell säubern. Dafür einen Topf mit Salzwasser aufstellen und zum Kochen bringen. Backofen auf 180°C vorheizen.
3. Kalbfleischtaschen von innen und außen würzen, die Käsescheiben mit dem gekochten Schinken umwickeln und damit die Kalbfleischtaschen füllen.
4. In einem kleinen Topf etwas Butter erhitzen und darin die Mandelblättchen ein wenig braun werden lassen und zur Seite stellen.
5. Jeweils einen tiefen Teller mit Mehl, Paniermehl und verquirltem Ei bereit stellen. Die gefüllten Kalbsschnitzel erst in Mehl, dann im verquirlten Ei, zum Schluss im Paniermehl wälzen und dieses gut andrücken.
6. In einer Pfanne das Öl erhitzen, die Broccoliröschen in kochendes Wasser geben und darin bissfest abkochen.
7. Die Cordon Bleu in der Pfanne von beiden Seiten langsam goldbraun anbraten und dann ca. 10 Minuten in den vorgeheizten Backofen stellen.
8. Kartoffeln abgießen, halbieren, etwas Butter in einem Topf erhitzen und die Kartoffeln darin anschwenken. Broccoliröschen abgießen, auf zwei Tellern anrichten, mit der Mandelbutter übergießen. Die Kartoffeln sowie das Cordon Bleu dazulegen und servieren. Eventuell mit einer Zitronenscheibe und einem Petersiliensträußchen dekorieren.

Zubereitung Williamsbirne

1. Wasser mit 250 g Zucker zum Kochen bringen.
2. Birne schälen, entkernen und halbieren, im Läuterzucker weich kochen und abkühlen lassen.
3. 80 g Zucker zu Karamell schmelzen, mit 350 ml Milch ablöschen.
4. Puddingpulver mit der restlichen Milch anrühren, das Eigelb zugeben, alles miteinander verrühren und in die Karamellmilch geben. Gut durchkochen lassen, umfüllen, mit etwas Zucker bestreuen und erkalten lassen.
5. Sahne mit einem Schneebesen steif schlagen.
6. Die kalte Karamellcreme mit einem Schneebesen glatt rühren, die geschlagene Sahne unterheben und mit dem Rum abschmecken.
7. Mit der Karamellcreme auf zwei Tellern einen Spiegel gießen, je eine Birnenhälfte auf den Spiegel legen und mit dem Schokoladenpulver dekorieren.

Wie immer, wenn es in den Bereich „Kleine Ordnung" geht, kratzen wir nur an der Oberfläche und versuchen, unsere ganz persönlichen Vorlieben zu verkaufen.
Zum Thema Dekoration ist zu sagen, dass es natürlich 2.467.932 Möglichkeiten gibt, einen Tisch festlich zu gestalten. Da aber nicht jeder ein ausgemachter Herbsttyp ist, muss an sich jeder selbst entscheiden, ob und, wenn ja, dann was man an wunderschönen Dingen auf dem Tisch drapiert.
Unser Vorschlag: Lassen Sie genügend Platz für Gläser, Teller und Besteck. Falls Sie zu der „Frische Blumen"- Fraktion gehören, achten Sie darauf, allzu hohe Bouquets nicht mittig zu plazieren, es sei denn, Sie sind ausschließlich in die liebreizende, respektive sonore Stimme Ihres Gastes vernarrt.
Grundsätzlich gilt wie so oft: Weniger ist mehr.
Da weiße Tischtücher z.B. in Privathaushalten nahezu ausgestorben sind, sorgen sie da, wo sie auftauchen, in der Regel schon für eine außergewöhnliche Atmosphäre und sind dabei von einer Schlichtheit, die nicht zu übertrumpfen ist.
Ähnliches ist zum Geschirr zu sagen. Soweit vorhanden, decken Sie in Weiß oder anderen dezenten Farben ein. Sowohl die angerichteten Speisen, als auch Ihr Gast kommen ohne Ablenkung durch quittebunte Teller sehr viel besser zur Geltung.
Und da wir gerade dabei sind: Mickeymauslöffel, Sendungmitdermausservietten oder Alfgläser mögen zwar „geckig" sein, wir sind uns aber wohl alle einig, dass Nutzgegenstände, die mit „geckig", „modisch" oder „witzig" beschrieben werden, so unnötig sind wie ein Kropf.
Also: Finger weg von Designerware! Von der mit extrem scharf gesprochenem „S".
Der Klassiker unter den Zusatzelementen, der Kerzenständer, ist mit ähnlicher Sorgfalt zu wählen, wie das bereits erwähnte Blumengebinde. Nicht zu schrill, nicht zu hoch und nicht als Trennwand aufgebaut.
Aber wie gesagt, Ihrem gestalterischen Spieltrieb sind eigentlich keine Grenzen gesetzt. Lassen Sie nur nie Ihr Ziel aus den Augen, jemand anderem ohne anstrengende Reizüberflutung einen wunderschönen Abend zu schenken.
Die größte Fehlerquelle birgt hierbei der Großbereich Musik. Wenn die Geschmäcker bei Kleidung, Autos oder Urlaubszielen schon als verschieden zu bezeichnen sind, so fehlt einem dazu der auf Musikvorlieben bezogene Begriff.

Kleine Deko-/Musikkunde

Falls noch nicht einmal Sie selber wissen, was Sie eigentlich am liebsten hören, dann lassen Sie entweder die Beschallung ganz weg, oder bitten Sie Ihren Gast, doch schon einmal etwas Musik aufzulegen, während Sie sich „noch schnell um die Vorspeise kümmern".

So ist garantiert, dass im schlimmsten Fall, also wenn die Geschmäcker offensichtlich meilenweit auseinanderliegen, zumindest das geringste Übel nicht von Ihnen selbst gewählt wurde.

Falls Ihr Besuch in Ihrer Sammlung nichts findet, was ihm auch nur halbwegs zusagt, wird er das durch eine kaum wahrnehmbare Lautstärke signalisieren. In diesem Falle lassen Sie die Scheibe einmal durchlaufen und danach die Stereoanlage ausgeschaltet.

Sollten Sie aber von ferne Äußerungen wie „Hey! Die hast Du?", „Mein Gott, die hab´ Ich ja schon ewig nicht mehr gehört!" oder „Hier sieht´s ja aus wie in meinem Plattenschrank!" vernehmen, so wissen Sie, dass der nicht ganz unentscheidende Punkt Musikgeschmack kein Problem darstellen wird.

Wir lehnen uns aber doch noch einmal aus dem Fenster und geben drei, nicht mehr und nicht weniger, Musiktipps, die, wie wir meinen, für einen dezenten Klangteppich sorgen sollten.

Albinoni, Oboenkonzerte, Op.9 - klingt ein wenig wie der eigentlich auch ganz gut geeignete Herr Vivaldi, ist aber nicht so totgenudelt. Die Gefahr, dass Ihr Gast bei Tisch unentwegt leise mitsummt, ist zu nahezu einhundert Prozent ausgeschaltet.

George Winston, Piano Solos, December - bietet sich tatsächlich eher für die kalten Monate an. Kennt kaum einer, d.h. der Mitsingeffekt ist auch hier kaum gegeben.

AIR, Virgin Suicides, O.S.T. – nicht klassisch, aber auch sehr melodiös und ruhig. Und einfach zu kompliziert, um mitgesungen zu werden. Vom Titel nicht beeindrucken lassen...

So. Wenn Sie meinen, Sie müssten, belegen Sie flugs den Ikebana-Kurs, polieren Sie das Tafelsilber, und sprinten Sie in den nächsten Musikalienhandel.

Nachtigall
Musikalien Vertriebs Gesellschaft

LARSEN CIE
FISCHGROSSHANDEL SEIT 1812
BREDSTEDT.NF
Aal
Barsch
Äsche
Bitterling
Flunder
Brachsen
Felchen
Forelle
Hecht
Hering
Karausche
Kabeljau (Dorsch)
Karpfen
Makrele
Schlei
Stichling
Zander
Plötze
LARSEN CIE
BREDSTEDT.NF
LARSEN CIE

Feldsalat mit Weizenkeimen
und gebratener Entenleber

Zanderfilet in der
Kartoffelkruste gebraten
auf Rahmwirsing

Vanilleeis
mit heißen Himbeeren

Feldsalat mit Weizenkeimen und gebratener Entenleber
Zanderfilet in der Kartoffelkruste gebraten auf Rahmwirsing
Vanilleeis mit heißen Himbeeren

Zutaten Feldsalat
150 g Feldsalat
1 Schälchen Weizenkeime
80 g Entenbratleber
6 EL Olivenöl
2 EL Himbeeressig
1 EL Honig
Salz und Pfeffer, frisch gemahlen

Zutaten Zanderfilet
2 Zanderflilets a 150 g
250 g Wirsing
200 g Kartoffeln
20 g Bauchspeck
1 Schalotte
100 ml Sahne
etwas Öl
Salz und Pfeffer, frisch gemahlen

Zutaten Vanilleeis mit heißen Himbeeren
50 g Zucker
0,2 l Rotwein
30 g Himbeeren
4 Kugeln Vanilleeis
50 ml Sahne

Feldsalat mit Weizenkeimen und gebratener Entenleber
Zanderfilet in der Kartoffelkruste gebraten auf Rahmwirsing
Vanilleeis mit heißen Himbeeren

Zubereitung Feldsalat
1. Salat waschen, Würzelchen abschneiden; Blattrosetten trocken schleudern. Weizenkeime kalt überbrausen und abtropfen lassen.
2. Die Entenleber von Fett und Sehnen säubern, in Mehl wenden und in der Pfanne in etwas Öl von beiden Seiten ca. 3 Minuten anbraten. Zum Schluss mit Salz und Pfeffer würzen.
3. Olivenöl und Himbeeresssig vermischen, mit Honig, Salz und Pfeffer abschmecken.
4. Feldsalat auf zwei Tellern anrichten, mit der Vinaigrette übergießen, die Entenleber dazu legen und mit den Weizenkeimen dekorieren.

Zubereitung Zander auf Rahmwirsing
1. Jedes Filet einmal quer teilen.
2. Wirsing von Strunk und dicken Blattrippen befreien, in feine Streifen schneiden.
3. Salzwasser zum Kochen bringen, Wirsing hineingeben, 2-3 Minuten blanchieren.
4. Herausnehmen, mit kaltem Wasser abschrecken. Backofen auf 180°C vorheizen.
5. Kartoffeln schälen, in feine Streifen schneiden, kurz wässern und danach gut ausdrücken.
6. Zanderfilets in einen Kartoffelmantel hüllen und diesen fest andrücken.
7. Öl in einer Pfanne erhitzen, Fischfilets auf jeder Seite 3 Minuten braten, in den vorgeheizten Backofen schieben, Weitere 3 Minuten garen.
8. In der Zwischenzeit Speck und Zwiebeln würfeln, in Butter andünsten Wirsing hinzugeben, mit Sahne ablöschen, Sahne einkochen und pikant abschmecken.
9. Den Wirsing auf zwei Tellern anrichten, die Zanderfilets dazu legen.

Zubereitung Vanilleeis mit heißen Himbeeren
1. Zucker in einem Topf karamellisieren lassen, bis er goldbraun ist und mit Rotwein ablöschen.
2. Das Ganze solange einkochen lassen, bis sich der Zucker vollständig aufgelöst hat.
3. Die gesäuberten Himbeeren zugeben und kurz schwenken, bis die Himbeeren warm sind.
4. Das Vanilleeis in zwei Schälchen anrichten, die Himbeeren darüber geben und mit der aufgeschlagenen Sahne dekorieren.

THE E. HOVDEN
ATLANTIC
SALMON
FISHERIES CO
Today's Special offer:
Smoked Salmon!

Broccolicreme
mit Sahnehaube

Lachsschnitzel
auf Lauchspätzle
in Safranschaum

Obstsalat
in Rosenwassser

Broccolicreme mit Sahnehaube
Lachsschnitzel auf Lauchspätzle in Safranschaum
Obstsalat in Rosenwassser

Zutaten Broccolicreme
1 Schalotte
150 g frischer Broccoli
200 ml Gemüsebrühe
20 g Butter
10 g Mehl
70 ml Sahne
Muskatnuss
Salz und Pfeffer, frisch gemahlen

Zutaten Lachsschnitzel
300 g Lachsfilet
1 Stange Lauch
2 Schalotten
30 g Butter
2 cl Pernod
50 ml trockener Weißwein
50 ml Crême fraîche
100 g Spätzle
20 g getrocknete Tomaten
50 ml geschlagene Sahne
1 g gemahlener Safran
Salz und Pfeffer, frisch gemahlen

Zutaten Obstsalat
125 g frische Erdbeeren
125 g Himbeeren
1/2 Tasse Johannisbeeren
1 kleine Banane
2 EL Zitronensaft
1 Ananasscheibe
1 Likörglas Rosenwasser
2 EL Zucker
2 EL Mandelblätter als Dekoration

Broccolicreme mit Sahnehaube
Lachsschnitzel auf Lauchspätzle in Safranschaum
Obstsalat in Rosenwassser

Zubereitung Broccolicreme
1. Die Schalotte schälen und in feine Würfel schneiden.
2. Den Broccoli säubern, zerkleinern und mit der Gemüsebrühe, dem Weißwein und etwas Wasser zum Kochen bringen.
3. In einem anderen Topf die Butter erhitzen, Schalotten darin anschwitzen, Mehl einrühren und eine klassische Mehlschwitze herstellen. Topf beiseite ziehen.
4. Wenn der Broccoli bissfest ist, diesen aus dem Topf nehmen und unter kaltem Wasser abschrecken. Ein paar Röschen beiseite legen.
5. Die Mehlschwitze mit dem Broccolifond aufgießen, Broccolieröschen zugeben, pürieren, dann mit der Sahne abrunden und mit Salz, Pfeffer und der Muskatnuss abschmecken. Mit den beiseite gelegten Röschen dekorieren.

Zubereitung Lachsschnitzel
1. Lachs in zwei Scheiben schneiden, mit Salz und Pfeffer würzen.
2. Lauch putzen, in dünne Streifen schneiden.
3. Lachs anbraten, aus der Pfanne nehmen, im vorgeheizten Backofen bei ca. 80°C warm halten.
4. Schalotten fein hacken, in Butter anschwitzen, mit Pernod ablöschen. Weißwein zugeben einkochen, Crème fraîche zufügen, erneut einkochen.
5. Die Spätzle in Butter anbraten, den Lauch und die in Würfel geschnittenen getrockneten Tomaten zugeben. Nach dem Anbraten mit etwas Wasser ablöschen.
6. Der eingekochten Sauce die Sahne und den gemahlenen Safran zugeben.
7. Die Sauce auf zwei Tellern anrichten, Lauchspätzle zugeben und den Lachs auf die Teller verteilen.

Zubereitung Obstsalat
1. Erdbeeren, Himbeeren und Johannisbeeren waschen, gut abtropfen lassen.
2. Die Erdbeeren halbieren, die Johannisbeeren von den Stielen streifen, alles in eine Schüssel geben.
3. Die Banane schälen, sofort mit dem Zitronensaft beträufeln und mit der Ananascheibe in Stücke schneiden.
4. Rosenwasser, Zucker und die Mandelblättchen zum Fruchtsalat geben, vorsichtig vermischen und dann anrichten.

No.456
October 1923
5¢
MAINE STORIES
Published by the J.Steinbeck Maine Lobster Fishing Inc.
Dante and the Lobster
S.Beckett
There's one thing you can do with yesterday's paper:
Wrap it around today's Lobster!
FRESH SEAFOOD · FAIR PRICES · THE J. STEINBECK MAINE LOBSTER FISHING INC. · MAINE / U.S.A.

Hummerschaum

Kaninchenfilet
auf grünen Nudeln
mit Steinpilzsauce

Orangen-
Grand Marnier-
Parfait

Hummerschaum
Kaninchenfilet auf grünen Nudeln mit Steinpilzsauce
Orangen-Grand Marnier-Parfait

Zutaten Hummerschaum
1 ganze Schalotte
1 kleine Knoblauchzehe
20 g Butter
2 cl Cognac
200 ml süße Sahne
200 ml Fischfond
3 TL Hummerbutter
1 Bund frischer Estragon
Salz und Pfeffer, frisch gemahlen

Zutaten Kaninchenfilet
150 g frische Steinpilze
2 Schalotten
1 Zehe Knoblauch
1/2 Bund Petersilie
4 Stück Kaninchenfilet (insg. 300 g)
etwas Öl
160 g grüne Bandnudeln
etwas Butter
200 ml trockener Rotwein
20 ml süße Sahne
Salz und Pfeffer, frisch gemahlen

Zutaten Parfait
3 Orangen
2 Eigelb
50 g Zucker
2 cl Grand Marnier
250 ml süße Sahne
Erdbeeren zum Dekorieren

Hummerschaum
Kaninchenfilet auf grünen Nudeln mit Steinpilzsauce
Orangen-Grand Marnier-Parfait

Zubereitung Hummerschaum
1. Schalotte in kleine Würfel schneiden, Knoblauchzehe durch eine Knoblauchpresse drücken.
2. Butter in einem Topf erhitzen und die Schalottenwürfel sowie den Knoblauch darin leicht anschwitzen.
3. Mit Cognac ablöschen, dann mit Sahne und Fischfond aufgießen und aufkochen lassen.
4. Die Hummerbutter einrühren und solange kochen lassen, bis eine leichte Bindung entsteht.
5. Zum Schluss mit Salz und Pfeffer abschmecken.
6. Zur Dekoration empfehlen sich ein paar frische Estragonblätter.

Zubereitung Kaninchenfilet
1. Steinpilze säubern und in Scheiben schneiden.
2. Schalotten schälen, in Würfel schneiden, den Knoblauch durch eine Knoblauchpresse drücken.Petersilie waschen, die Stiele entfernen und Petersilie fein hacken.
3. Wasser für die Bandnudeln in einem Topf aufsetzen.
4. Kaninchenfilet von beiden Seiten mit Salz und Pfeffer würzen.
5. Öl in einer Pfanne erhitzen, Kaninchenfilet ca. 2 Minuten von jeder Seite anbraten.
6. Kaninichenfilet herausnehmen und warm stellen.
7. In der Zwischenzeit die Bandnudeln abkochen.
8. Das Fett aus der Pfanne abgießen. Die Butter in der Pfanne leicht erhitzen, die geschnittenen Steinpilze anbraten, Schalotten hinzufügen, leicht mit anbraten, dann mit Rotwein ablöschen. Sahne zugeben, leicht einkochen lassen, mit Salz und Pfeffer abschmecken.
9. Wenn die Nudeln gar sind, diese abschütten und auf zwei Tellern anrichten. Das Kaninchenfilet in Scheiben schneiden und auf die Nudeln legen. Mit der Steinpilzsauce übergießen und mit der gehackten Petersilie dekorieren.

Zubereitung Parfait:
1. Orangen schälen, von einer Orange mit einem Messer die Filets auslösen, die anderen zwei Orangen auspressen (ohne Kerne).
2. Eigelb und Zucker in einem Schlagkessel im Wasserbad warm aufschlagen, bis die Masse anfängt zu binden. Nicht zu heiß werden lassen, da das Eigelb sonst gerinnt.
3. Grand Marnier, Orangenfilets und Orangensaft hinzugeben.
4. Die Masse kalt rühren.
5. Sahne steif schlagen.
6. Sahne unterheben, Masse in eine passende Form füllen und sofort für ca. 3 Stunden gefrieren.
7. Das Parfait vorsichtig aus der Form lösen, in Scheiben schneiden, auf zwei Tellern anrichten und je nach Wunsch mit ein paar Erdbeeren dekorieren.

Some
Like It
Hot!
English
Medium
Well Done
RITTER ELECTRONICS

Friséesalat
mit gebratenem Schafskäse
und Oliven

Medaillons
vom Schweinefilet im
Wirsingmantel mit
Waldpilzrahm und Kroketten

Arme Ritter mit
Vanilleeis und Ahornsirup

Friséesalat mit gebratenem Schafskäse und Oliven
Medaillons vom Schweinefilet im Wirsingmantel mit Waldpilzrahm und Kroketten
Arme Ritter mit Vanilleeis und Ahornsirup

Zutaten Friséesalat
150 g Friséesalat
100 g Schafskäse
1 Ei
etwas Mehl
etwas Paniermehl
etwas Öl zum Braten
2 EL Aceto Balsamico
ein paar schwarze und grüne Oliven
6 EL Olivenöl
1 EL Honig
Salz und Pfeffer, frisch gemahlen

Zutaten Schweinefilet
2 große Wirsingblätter
1 Schweinenetz
300 g Schweinefilet
etwas Öl zum Braten
10 Kroketten für den Backofen
100 g gemischte Pilze
1 Schalotte
50 g Butter
50 ml Weißwein
2 EL Sahne
etwas Thymian
etwas Petersilie
Salz und Pfeffer, frisch gemahlen

Zutaten Arme Ritter
250 ml Sahne
2 Eier
2 Scheiben Toastbrot
etwas Butter zum Braten
etwas Zucker und Zimt
2 Kugeln Vanilleeis
ein paar Himbeeren zur Dekoration
einige Minzeblätter zur Dekoration
etwas Ahornsirup

Friséesalat mit gebratenem Schafskäse und Oliven
Medaillons vom Schweinefilet im Wirsingmantel mit Waldpilzrahm und Kroketten
Arme Ritter mit Vanilleeis und Ahornsirup

Zubereitung Friséesalat
1. Salat waschen.
2. Schafskäse in 1 x 1 cm große Würfel schneiden.
3. Das Ei in einer Schüssel verquirlen.
4. Mehl und Paniermehl jeweils auf einen Teller geben.
5. Olivenöl mit Aceto Balsamico und Honig verrühren, mit Salz und Pfeffer würzen.
6. Friséesalat auf zwei Tellern anrichten.
7. Schafskäsewürfel erst in Mehl, dann im Ei wälzen, zum Schluss mit Paniermehl umhüllen.
8. Die panierten Schafskäsewürfel in einer Pfanne im erhitzten Öl goldbraun braten.
9. Salat mit der Vinaigrette übergießen, den gebratenen Schafskäse zugeben
und mit den Oliven garnieren.

Zubereitung Medaillons vom Schweinefilet
1. Die beiden großen Wirsingblätter bereitlegen.
2. Das Schweinenetz wässern.
3. Den Backofen auf 180°C vorheizen.
4. Eiswasser zurechtstellen und Salzwasser zum Kochen bringen. Die Wirsingblätter 5 Sekunden in dem kochenden Salzwasser sieden. Danach sofort im Eiswasser abschrecken. Dann zum Abtrocknen auf ein Tuch legen.
5. Schweinefilet von Sehnen und Fett befreien.
6. Pro Person ein ca. 150 g schweres Stück abschneiden. Mit Salz und Pfeffer würzen.
7. Öl in einer Pfanne erhitzen, Schweinefiletscheiben kurz darin braun anbraten.
8. Dann das angebratene Schweinefilet zuerst in die abgekochten Wirsingblätter einrollen
und dann mit dem gewässerten Schweinenetz umhüllen.
9. In den vorgeheizten Backofen schieben. Ca. 10 Minuten garen.
10. Die Kroketten nach Anleitung zubereiten.
11. Pilze säubern und in Streifen schneiden.
12. Schalotten schälen und in feine Würfel schneiden.
13. In einem Topf die Pilze zusammen mit den Schalotten in etwas Butter anbraten.
Mit Weißwein ablöschen, Sahne zugeben und mit Salz , Pfeffer und Thymian würzen.
Etwas einkochen lassen.
14. Die Pilzsauce auf zwei Teller verteilen. Das in Wirsing gebackene Schweinefilet darauf legen.
Mit den Kroketten anrichten. Mit Petersilie dekorieren.

Zubereitung Arme Ritter
1. Sahne und Ei miteinander verquirlen.
2. Toastscheiben in Dreiecke teilen.
3. Toastscheiben in der Eiersahne einlegen.
4. In einer Pfanne die Butter erhitzen.
5. Die eingeweichten Toastscheiben darin goldbraun anbraten. Herausnehmen,
etwas abtropfen lassen. Mit Zimt und Zucker bestreuen.
6. Auf zwei Tellern mit dem Vanilleeis, Himbeeren und den Minzblättern anrichten.
Vanilleeis mit etwas Ahornsirup übergießen.

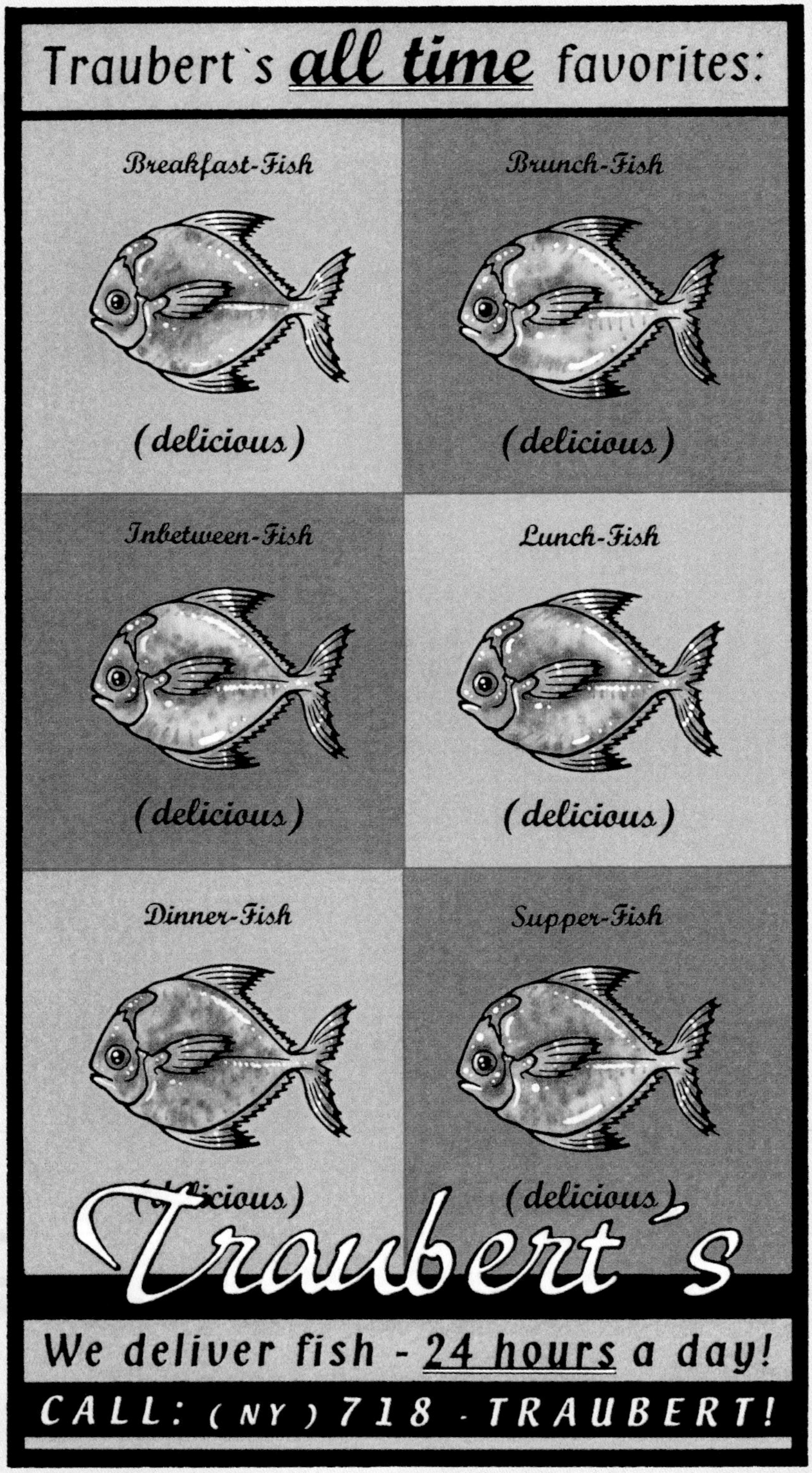
Traubert`s all time favorites:
Breakfast-Fish
(delicious)
Brunch-Fish
(delicious)
Inbetween-Fish
(delicious)
Lunch-Fish
(delicious)
Dinner-Fish
Supper-Fish
(delicious)
Traubert´s
We deliver fish - 24 hours a day!
CALL: (NY) 718 - TRAUBERT!

Rauchfischduett
mit Senf-Honigsauce

Poulardenbrust
in rosa Pfeffersauce
mit glasierten Zuckerschoten
und Butterkartoffeln

Gebackene Apfelringe
mit Vanilleeis

Rauchfischduett mit Senf-Honigsauce
Poulardenbrust in rosa Pfeffersauce mit glasierten Zuckerschoten und Butterkartoffeln
Gebackene Apfelringe mit Vanilleeis

Zutaten Rauchfischduett
1 EL Sonnenblumenöl
1 EL Honig
2 EL mittelscharfer Senf
1 Prise Dill
50 g Graved Lachs
50 g geräucherter Heilbutt
2 Stück Butter
2 Toastbrotscheiben
Salz und Pfeffer, frisch gemahlen

Zutaten Poulardenbrust
200 g neue Kartoffeln
1 Prise Kümmel
150 g Kaiserschoten
etwas Zucker
1 Schalotte
etwas Öl zum Braten
2 Stück Poulardenbrust (je ca. 150 g)
50 ml Rotwein
50 g rosa Pfeffer (eingelegt)
100 ml Sahne
50 g Butter
Salz und Pfeffer, frisch gemahlen

Zutaten gebackene Apfelringe
1 säuerlicher Apfel (z.B. Cox Orange)
1/2 Zitrone
1 EL Rum
1 Prise Zimt
20 g Zucker
100 g Mehl
8 cl Weißwein
1 EL Öl
1 Ei
10 g Zucker
etwas Backfett
etwas Puderzucker
2 Kugeln Vanilleeis

Rauchfischduett mit Senf-Honigsauce
Poulardenbrust in rosa Pfeffersauce mit glasierten Zuckerschoten und Butterkartoffeln
Gebackene Apfelringe mit Vanilleeis

Zubereitung Rauchfischduett

1. Die Zutaten für die Sauce mit einem Schneebesen vermengen. Mit Salz und Pfeffer würzen.
2. Jeweils zwei Scheiben geräucherten Lachs und geräucherten Heilbutt auf zwei Tellern anrichten. Die Senf- Dilllsauce hinzugeben und jeweils ein Stück Butter mit auf die Teller legen.
3. Toastscheiben rösten, längs durchschneiden, mit dazu legen und servieren.

Zubereitung Poulardenbrust

1. Kartoffeln säubern und in einem Topf mit Salzwasser und einer Priese Kümmel gar kochen.
2. Die Fäden von den Kaiserschoten entfernen. Einen Topf Wasser mit jeweils einer Prise Salz und Zucker zum Kochen bringen. Schalotten schälen und in Würfel schneiden.
4. In einer Pfanne das Fett erhitzen und den Backofen auf 80°C vorheizen.
5. In der heißen Pfanne die von beiden Seiten gewürzten Poulardenbrüste goldbraun anbraten und ca.15 Minuten in den vorgeheizten Backofen stellen. Fett aus der Pfanne abgießen, Schalotten zugeben, kurz glasig werden lassen. Mit dem Rotwein ablöschen, die rosa Pfefferkörner und die Sahne zufügen, alles solange einkochen lassen, bis die Sauce eine sämige Konsistenz bekommt.
6. Zuckerschoten in das kochende Wasser geben, kurz blanchieren. Die noch bissfesten Schoten abgießen und kurz unter kaltem Wasser abschrecken. Mit einem Stück Butter wieder in den Topf geben und durchschwenken.
7. Die gar gekochten Kartoffeln ebenfalls in etwas Butter durchschwenken.
8. Sauce auf zwei Teller verteilen, Zuckerschoten, Kartoffeln und die Poulardenbrust darauf anrichten.

Zubereitung Gebackene Apfelringe

1. Apfel schälen, Kerngehäuse ausstechen, die Frucht in 1 cm dicke Ringe schneiden, mit Zitronensaft und Rum beträufeln, sowie mit Zimt und Zucker bestreuen.
2. Backfett in einem Topf hoch erhitzen (ca. 170°C).
3. Mehl, Ei, Weißwein,Öl und Zucker für den Ausbackteig miteinander vermengen.
4. Apfelringe in den Ausbackteig tauchen und im Fett goldbraun ausbacken. Abtropfen lassen und mit Puderzucker bestreuen.
5. Apfelringe mit einer Kugel Vanilleeis servieren.

Zu einem gelungenen Mahl gehören dazu passende Getränke. Edelste Fische schwimmen dem Volksmund gemäß nun mal nicht in Demeter-Brottrunk, Rinderfilets fühlen sich in Blasentee garantiert nicht sonderlich wohl und feinste Gemüse wollen von allem gelöscht werden, nur nicht von fettarmem Kakao.

In Anbetracht der Tatsache, dass es erwiesenermaßen exakt 2.467.933 Getränkesorten gibt, kann man bei der Auswahl der zu reichenden Flüssigkeiten mindestens genauso viele schwerwiegende Fehler begehen.

Wir ziehen uns einmal wieder aus der Affäre und kratzen erneut nur an der Oberfläche. Und obwohl wir uns die Hacken wundliefen, um für dieses Buch Sponsoren zu gewinnen, fand sich absolut niemand, der mit seinem guten Namen für z.B. einen schmackhaften Wein werben wollte. Wir werden hier also allgemein und nicht zu kompliziert einige Empfehlungen geben.

Starten sollte man den Abend mit einem Aperitif. (Ape|ri|tif [lat.-mlat.-fr.; „(magen)öffnend"] : appetitanregendes (alkoholisches) Getränk, das bes. vor dem Essen getrunken wird.) Typische Aperitifs sind: Sekt, Champagner, Anisgetränke, Sherry, leichte Weiß-/Roséweine und natürlich der Klassiker schlechthin, der Martini (...muss man nicht unbedingt „nicht rühren", kann man auch fertig kaufen...). Sollte Ihr Gast keinen Alkohol anrühren, so halten Sie doch einfach eine bunte Palette exotischer Fruchtsäfte bereit.

Man sollte den Abend übrigens wirklich mit „einem" Aperitif beginnen, und nicht mit sechs oder sieben. Es geht darum, die Stimmung etwas zu lockern und, sagt ja auch Herr Duden, den Appetit anzuregen.

Ist der dann angeregt, kann man sich getrost dem Menu zuwenden. Wie bei den Speisen, gilt auch für die Getränkefolge: Von Leichtem über das Kräftige zum Schweren. Falls Sie Weine servieren möchten, sich aber nicht unbedingt für einen Weinkenner halten, so ist das kein Problem. Da Sie den Wein ja eh kaufen müssen, tun Sie dies doch in einer gut sortierten Weinhandlung mit versiertem Fachpersonal. Man wird Sie sicher gerne beraten. Nicht ungeschickt wäre es übrigens, die Menufolge im Kopf zu haben, da dann noch gezielter passende Weine gewählt werden können.

Grundsätzlich gilt: Weißweine reicht man zu kalten und warmen Vorspeisen, zu Edelfischen und Hummer, zu hellem Fleisch, allgemein zu Gerichten mit heller Sauce.

Roséweine passen hervorragend zu hellem Fleisch und zu Fischen, die mit dunkler Sauce gereicht werden.

Rotweine eignen sich zu Bratengerichten, zu dunklem Fleisch und zu dunklem Fisch.

Dessertweine trinkt man, wie der Name schon vermuten lässt, zu süßen Nachspeisen oder speziellen Käsen.

Kleine Getränkekunde

Falls Ihr Gast absolut kein Weintrinker ist, sollten Sie als Alternative ein paar gut gekühlte Biere im Kühlschrank haben, alkoholhaltig wie alkoholfrei.
Das neutralste und somit optimale nichtalkoholische Getränk ist das Tafelwasser.
Ähnlich wie bei Weißweinen, ist Wasser natürlich nicht gleich Wasser. Es gibt stille Wasser, kohlensäurehaltige, schick verpackte und leider auch ungenießbare.
Geben Sie lieber eine Mark mehr aus, dann können Sie halbwegs sicher sein, dass Sie ein gutes Wasser erwischen. Selbiges Kaufverhalten sollten Sie auch bei den Weinen an den Tag legen.
Sind Sie auch mit dem Dessert fertig, dann empfiehlt es sich, einen Digestif parat zu haben. (Di | ge | stif [...schä...;lat.-fr.] der; -s,s-: die Verdauung anregendes Getränk, das nach dem Essen getrunken wird.) Als alkoholische Digestifs werden gern Tresterbrände (Grappa, Eau de Vie), Schnäpse, Kräuterliköre und Magenbitter gereicht, es darf auch ein guter Cognac sein.
Der klassische nichtalkoholische Digestif ist der Kaffee in seinen zahlreichen Spielarten (Espresso, Cappuccino, Latte Macchiato etc.). Vorteil bei dieser Art von „Absacker" ist das Wegfallen der abgedroschenen Phrase „Kommst Du noch mit auf einen Kaffee ´rein?", das Objekt Ihrer Begierde sitzt/steht Ihnen ja bereits gegenüber.
Mit dem nicht alkoholischen, sogar nicht mal flüssigen Abschlussprodukt Zigarre/ Zigarillo schinden Sie garantiert mächtig Eindruck! Gerade, wenn Sie als Dame einen Herrn eingeladen haben. Achten Sie aber beim Kauf der Rauchware darauf, dass auch diese einen vorzüglichen Geschmack hat. Man wird Sie auch hier in Fachhandlungen gerne beraten. Falls Sie nach dem Dessert eher Lust auf eine komplett andere „Leckerei" haben, sollten Sie vorsichtshalber nur Zigarillos anbieten.(Eine gute Havanna im Churchillformat kann durchaus eine bis zwei Stunden Rauchgenuss/Zeitvergeudung mit sich bringen...)

Lundegaards
Früchtchen
Folge 37.
Der Pfirsich
Lundegaards
1A Steinobst
(Aprikosen, Mirabellen, Nektarinen, Pfirsiche, Pflaumen und Zwetschen)
J. Lundegaard - Obsthandels Cie. - Flensburg

Petersilienwurzelcreme
mit Crevetten

Kaninchenkeule
auf Rosmarinjus
mit Pfifferlingkartoffeln

Grießpudding
mit Amaretto-
Pflaumenkompott

Petersilienwurzelcreme mit Crevetten
Kaninchenkeule auf Rosmarinjus mit Pfifferlingkartoffeln
Grießpudding mit Amaretto-Pflaumenkompott

Zutaten Petersilienwurzelcreme
1 Schalotte
100 g Petersilienwurzel
1 mittelgroße Kartoffel (mehlig kochend)
20 g Butter
100 ml trockener Weißwein
125 g Gemüsebrühe
125 g süße Sahne
20 g Crevetten als Einlage
Salz und Pfeffer, frisch gemahlen

Zutaten Kaninchenkeule
2 Kaninchenkeulen (je ca. 200 g)
1 Möhre
300 g kleine Kartoffeln
1 Zwiebel
2 Knoblauchzehen
etwas Öl zum Braten
1 TL Tomatenmark
100 ml Rotwein
etwas Rosmarin
20 g kalte Butter
1/2 Bund Petersilie
200 g Pfifferlinge
2 Schalotten
20 g gewürfelter Bauchspeck
1 Zweig Thymian
etwas Öl zum Braten
Salz und Pfeffer, frisch gemahlen

Zutaten Grießpudding
1/2 unbehandelte Zitrone
1/2 unbehandelte Orange
100 ml Milch
30 g Zucker
1 Prise Salz
30 g Grieß
2 Blatt Gelatine
100 ml süße Sahne
1 kleines Glas Pflaumenkompott
2 cl Amaretto

Petersilienwurzelcreme mit Crevetten
Kaninchenkeule auf Rosmarinjus mit Pfifferlingkartoffeln
Grießpudding mit Amaretto-Pflaumenkompott

Zubereitung Petersilienwurzelcreme
1. Schalotte schälen und in Würfel schneiden.
2. Petersilienwurzel und Kartoffel schälen, waschen und ebenfalls würfeln.
3. Butter in einem Topf leicht erhitzen, die Schalotten zufügen und solange mit anschwitzen, bis sie glasig werden.
4. Petersilienwurzel und Kartoffel zufügen, mit Weißwein ablöschen. Mit der Gemüsebrühe und der Sahne auffüllen.
5. Ca. 10 Minuten leicht köcheln lassen, bis die Petersilienwurzel und die Kartoffelwürfel weich sind.
6. Dann mit dem Pürierstab oder mit einem Stampfeisen pürieren, bis eine sämige Konsistenz entsteht. Mit Salz und Pfeffer würzen.
7. In zwei Suppenteller füllen und mit den Crevetten bestreuen.

Zubereitung Kaninchenkeule
1. Kaninchenkeule von beiden Seiten würzen und bereitstellen.
2. Die Kartoffeln in Salzwasser gar kochen.
3. Möhren und Zwiebeln in feine Würfel schneiden. Knoblauchzehe schälen und durch eine Knoblauchpresse drücken.
4. Öl in einer Pfanne erhitzen, Backofen auf 70°C vorheizen, die Kaninchenkeule von beiden Seiten rundherum anbraten und im vorgeheizten Backofen in ca. 45 Minuten rosa fertig garen.
5. In derselben Pfanne die Möhren, die Zwiebel und den Knoblauch anrösten. Das Tomatenmark hinzugeben, gut vermengen und mit dem Rotwein zwei bis dreimal ablöschen, mit dem Rest auffüllen.
6. Das Ganze ca. 1/2 Stunde einköcheln lassen und zum Schluss durch ein Sieb passieren.Den Rosmarin zugeben. Sollte die Sauce zu dick sein, mit etwas Wasser oder Brühe auffüllen. Die Butter flöckchenweise mit einem Schneebesen in die Sauce einrühren. Die Sauce warm stellen.
7. Petersilie zupfen und fein hacken.
8. Die gekochten Kartoffeln pellen und halbieren.
9. Pfifferlinge säubern, Schalotten schälen und in feine Würfel schneiden.
10. Öl in einer Pfanne erhitzen, Bauchspeckwürfel, Kartoffeln und Pfifferlinge hinzugeben, alles braun braten. Kurz vor Bratende die Schalottenwürfel, den Thymian und die fein gehackte Petersilie hinzugeben. Mit Salz und Pfeffer abschmecken.
11. Auf zwei Tellern das Pfifferlinggemüse anrichten, die Kaninchenkeule darauf legen und mit der Sauce übergießen.

Zubereitung Grießpudding
1. Von der halben Zitrone und Orange jeweils die Schale abreiben.
2. Milch, Zucker, 1 Prise Salz und Abgeriebenes von den Zitrusfrüchten aufkochen.
3. Grieß langsam einrieseln lassen, ca.5 Minuten aufkochen und aufquellen lassen.
4. Gelatine in kaltes Wasser einlegen.
5. Sahne steif aufschlagen.
6. Handausgedrückte Gelatine mit der lauwarmen Masse vermengen.
7. Masse kalt rühren, in ein passendes Gefäß füllen und ca. 3 Std. kalt stellen.
8. Pflaumenkompott mit dem Amaretto vermengen.
9. Pflaumenkompott auf zwei Tellern verteilen, den Grießpudding aus der Form stürzen und auf dem Pflaumenkompott anrichten.

FRUTTI
D´AMORE!
Fratelli Barca
PESCE E CROSTACEI
FUNDATO NEL 1897
Portofino (GE)

Saisonsalat mit
gebratenen Entenbruststreifen
auf Cassisjus

Saltimbocca von
der Riesengarnele
auf Pestonudeln

Mousse au Chocolat

Saisonsalat mit gebratenen Entenbruststreifen auf Cassisjus
Saltimbocca von der Riesengarnele auf Pestonudeln
Mousse au Chocolat

Zutaten Saisonsalat
150 g Feldsalat
2 EL Aceto Balsamico
6 EL Olivenöl
1 EL Honig
1 Tomate
1/3 Gurke
1 Entenbrust (weibl. Barbarie-Ente, ca. 150 g)
40 cl Cassis
100 ml brauner Bratenfond
etwas Öl zum Braten
Salz und Pfeffer, frisch gemahlen

Zutaten Saltimbocca
200 g Spaghetti
8 Scampi (Größe 8/12)
8 frische Salbeiblätter
8 Scheiben Bauchspeck
2 Schaschlikspieße
100 ml Olivenöl
1 kleines Glas Pesto
etwas Öl zum Braten
Salz und Pfeffer, frisch gemahlen

Zutaten Mousse au Chocolat
150 g Zartbitterkuvertüre
2 Blatt Gelatine
40 g Zucker
1/2 l Schlagsahne
5 Eigelb
2 cl Rum
1 Kiwi
1 Erdbeere
etwas Puderzucker

Saisonsalat mit gebratenen Entenbruststreifen auf Cassisjus
Saltimbocca von der Riesengarnele auf Pestonudeln
Mousse au Chocolat

Zubereitung Saisonsalat mit gebratener Entenbrust
1. Feldsalat waschen, Würzelchen abschneiden.
2. Öl, Essig und Honig mit einem Schneebesen zu einer Vinaigrette vermengen. Mit Salz und Pfeffer abschmecken.
3. Stielansatz der Tomate entfernen und das Fruchtfleisch in Würfel schneiden.
4. Gurke waschen und in Scheiben schneiden.
5. Öl in einer Pfanne erhitzen, Backofen auf 180°C vorheizen, Entenbrust würzen, von beiden Seiten braun anbraten und ca. 20 Minuten im Backofen garen, so dass sie noch ein wenig rosa ist.
6. Öl aus der Pfanne abgießen, mit dem Cassis ablöschen, mit dem braunem Bratenfond aufgießen und einkochen lassen.
7. Feldsalat mit der Tomate und den Gurken auf einem Teller anrichten. Cassissauce als Spiegel auf den Teller gießen, Vinaigrette über den Salat gießen.
Die Entenbrust in Scheiben aufschneiden und auf zwei Tellern mit anrichten.

Zubereitung Saltimbocca von der Riesengarnele
1. Spaghetti in einem Topf mit Wasser, Salz und Öl zum Kochen bringen.
2. Scampi von der Schale befreien, das geht so: Scampi mit dem Bauch nach oben in die linke Hand nehmen, mit beiden Daumen die Schale nach außen drücken und nach hinten abziehen.
3. Dann auf dem Rücken einmal längs von oben nach unten etwas einschneiden und den Darm entfernen
4. Auf jeden Scampi ein Salbeiblatt legen und mit einer Scheibe Speck umwickeln.
5. Jeweils vier Scampi nacheinander auf einen Schaschlikspieß stecken.
6. In einem zweiten Topf das Olivenöl erhitzen und das Glas Pesto hineinrühren.
7. Wenn die Spaghetti fertig sind, diese durch ein Sieb abschütten. Dann in den Topf mit Pesto geben, Warm stellen.
8. Die Scampispieße in einer Pfanne von beiden Seiten ca. 3 Minuten anbraten.
9. Die Pestonudeln auf zwei Tellern anrichten und die Scampispieße darüber legen.

Zubereitung Mousse au Chocolat
1. Die Kuvertüre in einer Schüssel im warmen Wasserbad flüssig werden lassen.
2. Gelatine in kaltem Wasser einweichen.
3. Die Sahne in einem Schlagkessel mit einem Schneebesen steif schlagen und kalt stellen.
4. Die Eigelbe, Zucker und Rum ebenfalls in einem Schlagkessel im heißen Wasserbad mit einem Schneebesen solange aufschlagen, bis die Masse eine sämige Konsistenz bekommt.
5. Die Gelatine handausgepresst in die Masse geben und unterrühren.
6. Die flüssige Kuvertüre ebenfalls in die Masse einrühren und alles kalt rühren.
7. Die geschlagene Sahne vorsichtig unter die kalt gerührte Masse heben.
8. Die Masse mindestens 3 - 4 Stunden vor dem Anrichten kalt stellen.
9. Mit einem warmen Esslöffel Nocken abstechen auf zwei Tellern anrichten.
10. Kiwi schälen, in Scheiben schneiden und die Erdbeeren halbieren. Teller damit dekorieren und alles mit Puderzucker bestreuen.

Oh la la.:
Champagne
CUL DE SAC
BLANC DE BLANCS
BRUT
M.M.GLAIN&Cie
ELABORE PAR M.M.GLAIN, REIMS, FRANCE

Kartoffellauchsüppchen

Lammrücken
in Kräuterkruste
mit Kartoffelgratin
auf Ratatouille

Champagner-Erdbeeren
mit Topfenknödel

Kartoffellauchsüppchen
Lammrücken in Kräuterkruste mit Kartoffelgratin auf Ratatouille
Champagner-Erdbeeren mit Topfenknödel

Zutaten Kartoffellauchsüppchen
1 Stange Lauch
3 große Kartoffeln
50 ml Weißwein
125 ml süße Sahne
etwas Thymian
1 Prise Muskatnuss
15 g Petersilie
Salz und Pfeffer, frisch gemahlen

Zutaten Lammrücken
100 g Butter
50 g Paniermehl
20 g Pommerysenf (grobkörnig)
10 g gehackte Petersilie
10 g Thymian
10 g getrocknete Tomaten (gehackt)
2 große Kartoffeln
100 ml süße Sahne
1 Prise Muskat
1 Prise Thymian
2 Knoblauchzehen
1/2 rote Paprikaschote
1/2 gelbe Paprikaschote
1 kleine Zucchini
1 Zwiebel
1 Tomate
1 Knoblauchzehe
2 EL Olivenöl
etwas Basilikum
etwas Oregano
300 g Lammroastbeef (ausgelöster Lammrücken)
Salz und Pfeffer, frisch gemahlen

Zutaten Champagner Erdbeeren
1 Brötchen
250 g Quark
55 g Butter
2 Eier
1 Beutel Vanillezucker
etwas abgeriebene Zitronenschale
25 g gemahlener Mohn
25 g Puderzucker
10 Erdbeeren
100 ml Champagner
2 TL Zucker

Kartoffellauchsüppchen
Lammrücken in Kräuterkruste mit Kartoffelgratin auf Ratatouille
Champagner-Erdbeeren mit Topfenknödel

Zubereitung Kartoffellauchsüppchen

1. Den Lauch längs halbieren, in Streifen schneiden und waschen.
2. Kartoffeln schälen und vierteln. Petersilie hacken.
3. In einem Topf die Kartoffeln in Sahne und Weißwein weichkochen.
4. Lauch hinzugeben, mit Salz, Pfeffer, Thymian und Muskatnuss würzen. Den Lauch kurz mit kochen lassen. (Nur kurz, sonst wird der Lauch braun!)
Dann die Suppe mit einem Pürierstab pürieren.
5. In zwei Suppenteller geben und mit der gehackten Petersilie bestreuen.

Zubereitung Lammrücken in der Kräuterkruste

1. Butter, Paniermehl, Pommerysenf, gehackte Petersilie, Thymian und die gehackten getrockneten Tomaten zu einer Kräuterkruste vermengen.
2. Backofen auf 190°C vorheizen.
3. Kartoffeln schälen, in feine Scheiben schneiden.
4. Sahne, Muskat, Thymian und etwas Knoblauch vermengen. Mit Salz und Pfeffer würzen.
5. Kartoffelscheiben in eine feuerfeste Form legen, mit der Sahnemischung übergießen und ca.35 Minuten im vorgeheizten Backofen garen.
6. Paprikaschoten entkernen und in Streifen schneiden. Zwiebel schälen und mit der Zucchini ebenfalls in Streifen schneiden.
7. Tomate häuten und in Würfel schneiden
8. Olivenöl in einem Topf erhitzen. Erst die Zwiebeln, dann nacheinander Paprika, Zucchini und Tomatenwürfel hinzugeben. 1 Knoblauchzehe schälen, durch eine Knoblauchpresse drücken und hinzugeben. Mit Salz, Pfeffer, Basilikum und Oregano würzen.
9. Alles ca. 10 Minuten schmoren lassen.
10. Backofen auf 180°C vorheizen.
11. Öl in einer Pfanne erhitzen, Lammroastbeef würzen und rundherum braun anbraten.
12. Lammroastbeef auf der Oberseite mit der Kräuterkruste bedecken und im Backofen ca. 5 Minuten garen und dann, wenn möglich, 2 Minuten unter dem Grill bräunen lassen.
13. Ratatouille auf zwei Teller geben, Lammroastbeef darauf legen und das Kartoffelgratin dazu legen.

Zubereitung Champagner- Erdbeeren

1. Brötchen entrinden und klein würfeln.
2. Mit dem Quark, 25 g flüssiger Butter, den Eiern, Salz, Vanillezucker und geriebener Zitronenschale vermischen und 20 Minuten ziehen lassen.
3. Einen Topf mit Salzwasser zum Kochen bringen.
4. Mit befeuchteten Händen kleine Knödel formen und diese in kochendem Salzwasser ca. 7 Minuten kochen lassen.
5. Sofort herausnehmen und in 30 g Butter, dem Mohn und dem Puderzucker schwenken.
6. Erdbeeren säubern, vierteln, in einem Schälchen zuckern und mit Champagner übergießen.
7. Die Champagner- Erdbeeren auf zwei Tellern anrichten und die Topfenknödel dazulegen.

What Shakespeare didn't know: here's
Romeo's Choice!
WILD RICE
Buy one -get one free!
Capulet
BRAND
CAPULET - NATIVE GOODS INC.
VERONA, WICHITA/U.S.A.

Löwenzahnsalat mit
marinierten Lammrücken

Steinbuttfilet in
Morchelrahmsauce
mit Möhrengemüse
und wildem Reis

Zimtapfel
mit Vanillesauce

Löwenzahnsalat mit mariniertem Lammrücken
Steinbuttfilet in Morchelrahmsauce mit Möhrengemüse und wildem Reis
Zimtapfel mit Vanillesauce

Zutaten Löwenzahnsalat
2 TL Olivenöl
1 TL Estragonessig
1 Prise Kräuter de Provence
1 TL Aceto Balsamico
1 Knoblauchzehe
1 TL rosa Pfefferkörner (getrocknet)
1 Lorbeerblatt
1 Schalotte
etwas Öl zum Braten
100 g ausgelöster Lammrücken
100 g Löwenzahn
50 g Friséesalat
2 EL Estragonessig
6 EL Olivenöl
1 EL Honig
1 Tomate
Salz und Pfeffer, frisch gemahlen

Zutaten Steinbuttfilet
10 g getrocknete Morcheln
100 g wilder Reis
1 Zwiebel
1 Lorbeerblatt,1 Nelke, 2 Möhren
1 Prise Zucker
1 Schalotte
300 g Steinbuttfilet
etwas Mehl
etwas Öl zum Braten
50 g Butter
5 cl Weinbrand
100 ml Fischfond
50 ml Sahne
Salz und Pfeffer, frisch gemahlen

Zutaten Zimtapfel in Vanillesauce
1 Apfel
1 Ei, 50 g Mehl, 50 ml Milch
1 TL Zucker
1 Prise Salz
1 Prise Zimt
125 g Puderzucker
1/4 l Sahne
1/2 Vanilleschote
500 g Fett zum Ausbacken

Löwenzahnsalat mit mariniertem Lammrücken
Steinbuttfilet in Morchelrahmsauce mit Möhrengemüse und wildem Reis
Zimtapfel mit Vanillesauce

Zubereitung Löwenzahnsalat
Am Vortag
1. Für die Marinade Olivenöl, Estragonessig, Kräuter de Provence , Aceto Balsamico, den durch eine Knoblauchpresse gedrückten Knoblauch, rosa Pfefferkörner, Lorbeerblatt und die geschälten, in Würfel geschnittenen Schalotten vermengen.
2. Öl in einer Pfanne erhitzen, den Lammrücken würzen und rundherum ca. 5 Minuten braun anbraten. Aus der Pfanne herausnehmen und für ca. 24 Stunden in die Marinade legen.

Am selben Tag
3. Löwenzahn und Friséesalat waschen. Friséesalat in mundgerechte Stücke schneiden. Tomate in Achtel schneiden
4. Olivenöl, Estragonessig, Honig, Salz und Pfeffer zur Vinaigrette vermengen.
5. Lammrücken aus der Marinade nehmen und in feine Scheiben schneiden
6. Salat auf zwei Tellern anrichten und mit der Vinaigrette übergießen. Den in feine Scheiben geschnittenen Lammrücken anlegen, ebenfalls mit etwas Marinade übergießen und mit den Tomatenachteln dekorieren.

Zubereitung Steinbuttfilet
1. Morcheln in etwas Wasser einweichen.
2. In einem Topf den Wildreis mit der Zwiebel, Lorbeerblatt, Nelke und etwas Salz zum Kochen bringen. 5 Minuten aufquellen lassen, die Hitze reduzieren und ca. 20 Minuten ziehen lassen, bis die Reiskörner aufplatzen.
3. Möhren schälen und in einem Topf mit Salzwasser und einer Prise Zucker gar kochen.
4. Schalotten schälen und in feine Würfel schneiden. Eingeweichte Morcheln etwas ausdrücken und halbieren. Steinbuttfilet würzen und in Mehl wälzen.
5. Öl in einer Pfanne erhitzen; Backofen auf 70°C vorheizen.
6. Steinbuttfilet in der Pfanne von beiden Seiten goldbraun anbraten, herausnehmen und im vorgeheizten Backofen warm stellen.
7. Öl aus der Pfanne abgießen, Butter hinzugeben, Schalottenwürfel und halbierte Morcheln darin anbraten und mit dem Weinbrand ablöschen. Den Fischfond und die Sahne zugeben. Solange einkochen lassen, bis die Sauce eine sämige Konsistenz hat, mit Salz und Pfeffer abschmecken.
8. Reis abgießen, Möhren aus dem Topf nehmen und in Scheiben schneiden.
9. Reis und Möhren auf zwei Tellern anrichten, die Sauce angießen und das Steinbuttfilet dazu legen.

Zubereitung Zimtapfel
1. Mehl, Milch, Zucker, Salz und Zimt zu einem Teig verrühren.
2. Puderzucker in einem Topf erhitzen, bis dieser leicht braun wird.
3. Mit Sahne auffüllen und das Mark von der längs aufgeschnittenen Vanilleschote zugeben.
4. Aufkochen lassen, bis alles sämig wird.
5. Apfel schälen, Kerngehäuse ausstechen. Apfel in ca. 2 Zentimeter große Ringe schneiden.
6. Fett in einem Topf erhitzen. Apfelringe in Mehl wälzen und dann in heißem Fett ausbacken.
7. Auf zwei Tellern anrichten und mit der Vanillesauce übergießen.

WATT'S
TRADING INC., BILLINGS, MONTANA
CLASS A
lemons
J.WATT'S · FRUITS & VEGETABLES
BILLINGS, MONTANA

Brunnenkressecreme

In Rotwein
mariniertes Thunfischfilet
in weißer Buttersauce
mit neuen Kartoffeln
und Romanescoröschen

Zitronencreme
mit Kiwi-Erdbeersalat
und Basilikum

Brunnenkressecreme
Mariniertes Thunfischfilet in weißer Buttersauce mit neuen Kartoffeln und Romanescoröschen
Zitronencreme mit Kiwi-Erdbeersalat und Basilikum

Zutaten Brunnenkressecreme
1 Schalotte
200 g Brunnenkresse
20 g Butter
20 g Mehl
100 ml Wasser
150 ml süße Sahne
5 cl Gin
Salz und Pfeffer, frisch gemahlen

Zutaten Thunfischfilet
1 TL Aceto Balsamico
100 ml trockener Rotwein
1 Schalotte
1 Lorbeerblatt
20 g Petersilie
300 g Thunfischfilet
200 g neue Kartoffeln
1 Schalotte
100 ml Sahne
50 g Butter
1/2 Zitrone
etwas Öl
160 g Romanescoröschen
Salz und Pfeffer, frisch gemahlen

Zutaten Zitronencreme
30 g Maisstärke
1/2 l Milch
1 TL Zimt
3 Eigelb
160 g Zucker
1/2 unbehandelte Zitrone, abgerieben
1 Kiwi
2 Erdbeeren
1 cl Kirschwasser
Basilikumblätter

Brunnenkressecreme
Mariniertes Thunfischfilet in weißer Buttersauce mit neuen Kartoffeln und Romanescoröschen
Zitronencreme mit Kiwi-Erdbeersalat und Basilikum

Zubereitung Brunnenkressecreme
1. Schalotten schälen und in feine Würfel schneiden.
2. Brunnenkresseblätter von den Stielen abzupfen und unter fließend kaltem Wasser gut waschen. In einer Küchenmaschine fein pürieren.
3. In einem Topf die Butter erhitzen, Schalotten darin anschwitzen, das Mehl einrühren und eine klassische Mehlschwitze herstellen.
4. Das Wasser, pürierte Brunnenkresse , Sahne und den Gin zugeben.
5. Aufquellen lassen, mit Salz und Pfeffer abschmecken.
6. In zwei Suppentassen füllen.

Zubereitung Thunfischfilet
Am Vortag:
1. Aceto Balsamico, Rotwein, 1 gewürfelte Schalotte, Lorbeerblatt und Petersilie für die Marinade vermengen und den Thunfisch darin einlegen.

Am selben Tag
2. Die Kartoffeln säubern und in einem Topf mit Salzwasser aufsetzen und gar kochen.
3. Schalotte schälen und in feine Würfel schneiden.
4. In einem Topf die Sahne mit den Schalottenwürfeln aufkochen, unter reduzierter Hitze einköcheln lassen, bis die Sahne etwas eingedickt ist.(Sie wird dann leicht gelblich und riecht etwas säuerlich.) Eingekochte Sahne abkühlen lassen. Dann mit einem Schneebesen die Butter flöckchenweise einrühren und mit der Zitrone, Salz und Pfeffer abschmecken.
5. Salzwasser in einem Topf zum Kochen bringen, Öl in einer Pfanne erhitzen. Backofen auf 180°C vorheizen.
6. Romanescoröschen in das kochende Wasser geben und bissfest garen.
7. Thunfischfilet in zwei gleich große Stücke schneiden würzen, in der Pfanne von beiden Seiten braun anbraten und ca. 6 Minuten im vorgeheizten Backofen fertig garen.
8. Mit der Sauce einen Spiegel auf zwei Teller gießen und darauf die Romanescoröschen, die Kartoffeln und den Thunfisch anrichten, servieren.

Zubereitung Zitronencreme
1. Die Maisstärke mit 125 ml Mich verrühren.
2. Die restliche Milch mit dem Zimt in einem Topf aufkochen.
3. Eigelbe und Zucker in einem Topf mit einem Schneebesen schaumig schlagen. Abgeriebenes von der Zitrone zugeben.
4. Die aufgekochte Milch in die Ei-Zuckermasse gießen und die verrührte Maisstärke hinzugeben, alles gut vermengen.
5. Flüssigkeit auf den Herd stellen, langsam unter ständigem Rühren erhitzen, aber nicht kochen lassen, da sich sonst die Masse trennt.
6. Die Masse durch ein Sieb in eine feuerfeste Form geben und abkühlen lassen.
7. Kiwi schälen, Erdbeeren säubern, in Scheiben schneiden, in eine Schüssel geben, mit etwas Zucker bestreuen und das Kirschwasser hinzugeben.
8. Basilikumblätter in feine Streifen schneiden und unter den Kiwi-Erdbeersalat mischen.
9. Backofen vorheizen, am besten mit Grillfunktion. Ohne Grillfunktion auf höchste Stufe stellen. Die ausgekühlte Creme mit dem restlichem Zucker bestreuen und im Backofen den Zucker karamellisieren lassen.
10. Auf einem Teller den Kiwi-Erdbeersalat anrichten, mit einem Löffel die Zitronencreme abstechen und auf diesem anrichten.

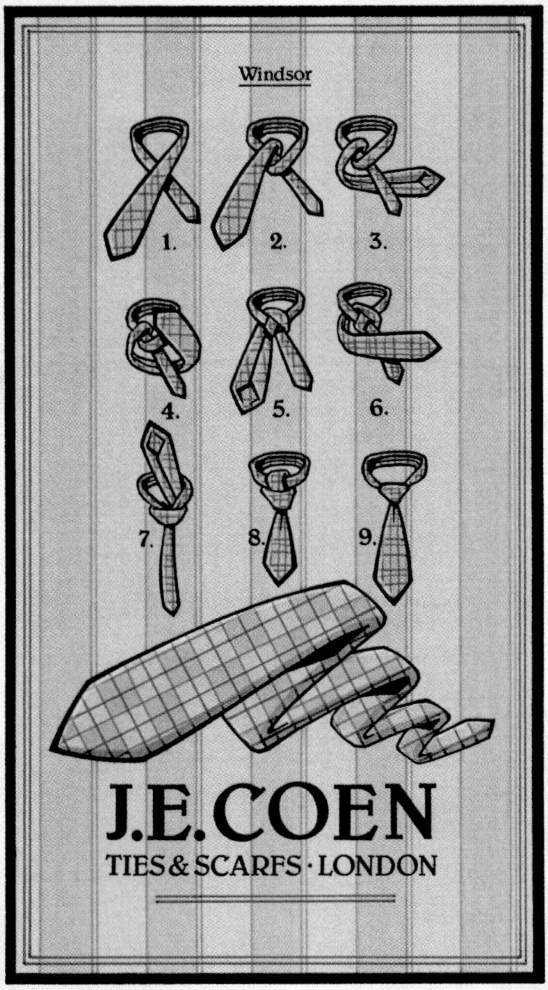

Da wir den Knigge zwar gelesen, aber nicht verinnerlicht haben, sind unsere Benimmregeln eher auf Grundsätzliches zusammengestrichen.

Was den Vorteil hat, dass man sich erstens das Ganze leichter merken kann und zweitens kaum Möglichkeiten hat, etwas falsch zu machen.

Das Wichtigste für den gelungenen Abend ist, dass sich so normal und unverstellt betragen wird, wie es aufgrund der doch spannenden Situation irgend geht. Denn wer mit aller Kraft versucht, bloß nicht zu kleckern, um Gottes Willen nichts umzuschmeißen und sich bittebitte keine Flecken auf die Garderobe zu semmeln, der ist zunächst einmal so dermaßen mit sich selbst beschäftigt, dass für das Gegenüber kaum noch Aufmerksamkeit übrig bleibt, und wird, weil das eben so ist, genau dann garantiert kleckernd, Gläser umwerfend und mit gebatikter Kleidung die Zweierrunde frühzeitig verlassen müssen. Dass man trotz aller Lockerheit nicht schmatzt, schlürft oder schlingt, versteht sich natürlich von selbst.

Wenn Ihr Gast entschieden mehr erzählt, als sie selbst, sollten Sie Ihre Essgeschwindigkeit etwas einbremsen, da ansonsten Ihr leerer Teller bei Ihrem Gegenüber ein heftiges Unwohlsein verursachen wird. Niemand lässt sich gern beim Essen beobachten!

Wenn bei Tisch gesprochen wird, darf das selbstredend nie mit vollem Mund geschehen.

Will man als Mann Eindruck schinden, so erhebt man sich jedes Mal, wenn die Dame es tut. Frauen dürfen aufstehen, sitzen bleiben oder auch herumlaufen, wie es Ihnen beliebt.

Versuchen Sie übrigens niemals, sich allzu sehr über Wert zu verkaufen, denn offensichtliche Angeber mag wirklich keiner. Lassen Sie Ihr Gegenüber ausreden, gehen Sie auf das Gesagte ein und hören Sie ruhig einmal einfach zu.
Dass Sie nicht ungewaschen in die Verabredung gehen, muss sicherlich nicht erwähnt werden, denn ein gepflegtes Äußeres verhindert Hemmschwellen für eventuelle spätere Zerstreuungen. Selbiges gilt auch für Ihre Kleidung.
Sie müssen nicht im schwarzen Dreiteiler mit steifem, weißem Hemd und gedeckter Krawatte, bzw. im grauen Businesskostümchen aufwarten, wenn Sie sich nicht sowieso darin am liebsten bewegen.
Der mit Abstand wichtigste Punkt der Kleiderauswahl ist nämlich, dass Sie sich darin pudelwohl fühlen und sich nicht eine Sekunde auch nur ansatzweise verkleidet vorkommen. Auch hier gilt: eine dezente, blitzsaubere Auswahl ist stets ausreichend korrekt. Es sei denn, Sie haben Freude an erlesener Kleidung, dann sollten Sie allerdings im Vorfeld herausfinden, ob Ihr Gast das genauso sieht und ihm bei der Einladung bitteschön mitteilen, dass eine gehobene Garderobe erwartet wird, da ansonsten garantiert einer das Gefühl hat, underdressed zu sein.
Regeln darüber aufzustellen, was geht und was nicht, würde einerseits einen Heidenspaß bereiten, andererseits aber ein eigenes Buch füllen.
Deswegen erdreisten wir uns, nur ein einziges, strikt einzuhaltendes Verbot aufzustellen:
Keine weißen Socken zu „ordentlichen" Schuhen!
Das gilt für die Budapester des Herren ebenso wie für die Pumps der Dame.
DAS nämlich wäre ein Verbrechen! Nahezu jede andere Unart kann man wohlwollend als persönlichen Stil durchgehen lassen.
Also, bewahren Sie Ruhe, hüpfen Sie unter die Dusche und spendieren Sie Ihrer Lieblingskleidung mal wieder eine Wäsche.

MADE
IN U.S.A.
McLAUGHLAN CO.
CHILICHILI
BRAND
McLAUGHLAN CO.
CHILICHILI
BRAND
PEPPER SAUCE
WOW! IT'S REAL HOT!

Rucolasalat mit
gebratenen Waldpilzen

Rigatoni in
scharfer Tomatensauce

Birne mit Vanilleeis
und Schokoladensauce

Rucolasalat mit gebratenen Waldpilzen
Rigatoni in scharfer Tomatensauce
Birne mit Vanilleeis und Schokoladensauce

Zutaten Rucolasalat
150 g Rucolasalat
50 g Champignons
50 g Austernpilze
50 g Shiitakepilze
1 Tomate
1 Schalotte
etwas Butter zum Braten
6 EL Olivenöl
2 EL Himbeeressig
1 EL Honig
Salz und Pfeffer, frisch gemahlen

Zutaten Rigatoni
50 g Bauchspeck
250 g reife Romatomaten
1 Zwiebel
1/2 Bund Petersilie
1 Knoblauchzehe
200 g Rigatoni
1 scharfe Chilischote
etwas Butter
Salz und Pfeffer, frisch gemahlen

Zutaten Birne mit Vanilleeis
1 Birne
250 g Zucker
1/2 l Wasser
100 g Zartbitterkuvertüre
50 ml Sahne
1/2 Vanilleschote
1 Packung Vanilleeis
2 Minzeblätter

Rucolasalat mit gebratenen Waldpilzen
Rigatoni in scharfer Tomatensauce
Birne mit Vanilleeis und Schokoladensauce

Zubereitung Salat
1. Salat waschen und trocknen.
2. Gesäuberte Pilze in Scheiben schneiden.
3. Bei der Tomate den Stielansatz entfernen und die Frucht in Scheiben schneiden.
4. Olivenöl mit dem Himbeeressig verrühren, mit Salz und Pfeffer abschmecken.
5. Die ganze Schalotte schälen, in Würfel schneiden.
6. Pilze mit der gewürfelten Schalotte in Butter braun anbraten. Mit Salz und Pfeffer abschmecken.
7. Rucolasalat auf einem Teller anrichten und mit den Tomatenstücken garnieren.
8. Salat mit der Vinaigrette übergießen und die gebratenen Pilze darauflegen.

Zubereitung Rigatoni
1. Speck in feine Streifen schneiden. Die Tomaten auf der dem Kelch gegenüberliegenden Seite mit einem Messer über Kreuz einritzen, in kochendes Wasser geben, ca. 45 Sekunden überbrühen. Herausnehmen und sofort in Eiswasser abschrecken. Dann die Haut abziehen, Kerne entfernen und das Tomatenfleisch in Würfel schneiden. Die Zwiebel und die Petersilie fein hacken, die Knoblauchzehe in Scheiben schneiden.
2. Die Rigatoni in 2 l Salzwasser al dente (bissfest) kochen.
3. Während die Rigatoni kochen, in einer großen Pfanne 2 EL Butter erhitzen und den Speck sowie die Zwiebeln anbraten. Knoblauch, gewürfelte Tomaten und die Chilischote hinzugeben. Mit Salz und Pfeffer abschmecken, köcheln lassen.
4. Die Rigatoni abgießen und gut abtropfen lassen. Butter in einen Topf geben und mit den Rigatoni vermengen. Sofort mit der Sauce vermischen. Falls die Sauce zu dickflüssig sein sollte, kann man sie mit etwas Weißwein oder Nudelwasser verdünnen.
5. Chilischote entfernen, Rigatoni auf zwei Tellern anrichten und mit der gehackten Petersilie bestreuen.

Zubereitung Birne mit Vanilleeis
1. Birne schälen, entkernen und halbieren.
2. Wasser und Zucker in einen Topf geben. Birne in die Flüssigkeit setzen und zum Kochen bringen.
3. Zugedeckt ca. 8 Minuten bei geringer Hitze ziehen lassen.
4. In der Zwischenzeit die Zartbitterkuvertüre in einem Wasserbad schmelzen lassen.
5. Sahne in einen Topf geben, Vanilleschote halbieren, das Mark auskratzen, in die Sahne geben und aufkochen lassen. Dann mit der geschmolzenen Kuvertüre vermengen.
6. Birne aus dem Topf nehmen, abtropfen lassen, Vanilleeis abstechen, auf einem kalten Teller anrichten, Birnenhälfte in Fächer schneiden, an das Vanilleeis legen und mit der Kuvertüre übergießen.
7. Eventuell mit einem frischen Minzeblatt dekorieren.

Spargel
1 Pfd 68 Pfg
P. NÜBLER
OBST UND GEMÜSE

Kräutercremesüppchen

Spargelduett mit
Orangenbutter
und Nusskartoffeln

Panna cotta mit
Balsamico-Erdbeeren

Kräutercremesüppchen
Spargelduett mit Orangenbutter und Nusskartoffeln
Panna cotta mit Balsamico-Erdbeeren

Zutaten Kräutercremesüppchen
1 Schalotte
20 g Butter
20 g Mehl
100 ml trockener Weißwein
125 ml Gemüsebrühe
125 ml süße Sahne
50 g 8-Kräuter Mix (tiefgekühlt)
Salz und Pfeffer, frisch gemahlen

Zutaten Spargelduett
300 g weißer Spargel
300 g grüner Spargel
200 g kleine neue Kartoffeln
2 EL Butter
1/2 EL Zucker
1 TL Salz
2 1/2 l Wasser
1 Schalotte
10 ml Weißwein
50 ml Sahne
100 g kalte Butterwürfel
1 Orange
Salz und Pfeffer, frisch gemahlen

Zutaten Panna cotta
1 Blatt weiße Gelatine
200 g süße Sahne
1 Vanilleschote
20 g Zucker
200 g kleine Erdbeeren
1–2 TL Zucker
2 EL Aceto Balsamico
Karamellsirup zum Garnieren

Kräutercremesüppchen
Spargelduett mit Orangenbutter und Nusskartoffeln
Panna cotta mit Balsamico-Erdbeeren

Zubereitung Kräutercremesüppchen

1. Die ganze Schalotte schälen und in Würfel schneiden.
2. Butter in einem Topf zerlassen, Schalotten hinzugeben und ein wenig glasig werden lassen.
3. Das Mehl einrühren und eine klassische Mehlschwitze herstellen.
4. Erst mit dem Weißwein, dann mit der Gemüsebrühe sowie der Sahne auffüllen und binden lassen.
5. Ca. 5 Minuten aufkochen, dabei umrühren.
6. Ganz zum Schluss die 8 Kräuter zugeben und mit Salz und Pfeffer abschmecken.

Zubereitung Spargelduett

1. Weißen Spargel schälen, grünen Spargel säubern und beide Sorten am unteren Ende ca. 2 cm abschneiden.
2. Die neuen Kartoffeln säubern und mit der Schale in Salzwasser gar kochen.
3. Kartoffeln mit der Schale in etwas Butter anbräunen und mit Salz abschmecken. Warm stellen.
4. Für die Buttersauce die Schalotten mit Weißwein und Sahne aufkochen und ca. zur Hälfte einkochen lassen. Vom Herd ziehen, etwas abkühlen lassen und die kalte Butter flöckchenweise einrühren, bis die Sauce eine gute Bindung hat.
5. Die Buttersauce mit dem aus der Orange gepressten Saft sowie einigen Zesten der Orangenschale, mit Salz und Pfeffer abschmecken.
6. Den Spargel mit 1 TL Salz und 1/2 EL Zucker in 2 1/2 l Wasser gar kochen.
7. Buttersauce als Spiegel auf zwei Tellern gießen, die Nusskartoffeln, sowie den Spargel darauf anrichten und eventuell noch mit ein paar Orangenzesten dekorieren.

Zubereitung Panna cotta

1. Gelatine in kaltem Wasser einweichen.
2. Die Sahne in einem Topf mit der längs aufgeschlitzten und ausgekratzten Vanilleschote und dem Zucker langsam erhitzen.
3. 15 Minuten leicht köcheln lassen.
4. Topf vom Herd nehmen, Vanilleschote herausnehmen, die Gelatine ausgedrückt hinzugeben und unter Rühren vollständig auflösen.
5. In zwei kleine kalte Förmchen füllen und im Kühlschrank ca.3 Stunden fest werden lassen.
6. Die Erdbeeren waschen, halbieren.
7. Diese dann mit dem Zucker bestreuen und ein paar Tropfen Aceto Balsamico hinzufügen.
8. Ca. 1 Stunde ziehen lassen.
9. Die Panna cotta gut gekühlt auf zwei Dessertteller stürzen, Erdbeeren anrichten, etwas Saft von den Erdbeeren zugeben und zum Schluss noch mit ein wenig Karamellsirup beträufeln.

One for the
HEART!
WOW!
DELICIOUS
Poppies
SPINACH
POPPIES
SPINACH
One for the Heart!
PRODUCE OF U.S.A
PACKED AND SHIPPED BY
CALIFORNIA FRUIT
AND VEGETABLE
GROWERS CORP!
CASTROVILLE · CALIFORNIA

Kopfsalat
mit Cherrytomaten
und frisch geriebenem
Parmesan

Spinatravioli
in Salbei-Nussbutter

Vanillepudding
mit Himbeersauce

Kopfsalat mit Cherrytomaten und frisch geriebenem Parmesan
Spinatravioli in Salbei-Nussbutter
Vanillepudding mit Himbeersauce

Zutaten Kopfsalat
150 g Kopfsalat
6 Cherrytomaten
50 g Parmesan
6 EL Walnussöl
2 EL Himbeeressig
1 EL Honig
Salz und Pfeffer, frisch gemahlen

Zutaten Spinatravioli
50 g Butter
20 g Walnüsse
20 g getrocknete Tomaten
etwas Salbei
300 g Spinatravioli
Salz und Pfeffer, frisch gemahlen

Zutaten Vanillepudding
1 Beutel Vanillepudding
1 Glas Himbeersauce
einige frische Himbeeren
etwas frische Minze

Kopfsalat mit Cherrytomaten und frisch geriebenem Parmesan
Spinatravioli in Salbei-Nussbutter
Vanillepudding mit Himbeersauce

Zubereitung Kopfsalat
1. Salat waschen und trocknen.
2. Tomaten in Viertel schneiden.
3. Walnussöl und Himbeeressig vermischen und mit Salz und Pfeffer abschmecken.
4. Den Kopfsalat auf zwei Tellern anrichten, mit den Tomaten garnieren.
5. Mit der Vinaigrette übergießen und den Parmesan oder Pecorinokäse mit einer groben Reibe darüber raspeln.

Zubereitung Spinatravioli
1. In einem Topf 3 l Salzwasser aufkochen.
2. Die Butter in einem Topf erhitzen und leicht anbräunen lassen.
3. Die Walnüsse zerbröseln, die getrockneten Tomaten klein schneiden und den Salbei in Streifen schneiden.
4. Die Walnüsse, Tomaten und den Salbei in die angebräunte Butter geben und mit Salz und Pfeffer würzen.
5. Die Spinatravioli in das kochende Wasser geben und ca. 1 Minute ziehen lassen.
6. Spinatravioli abgießen, abtropfen lassen und in den Topf mit der Salbei-Nussbutter geben.
7. Vorsichtig vermengen und auf zwei Tellern anrichten.

Zubereitung Vanillepudding
1. Vanillepudding nach Anleitung kochen.
2. In eine Form, (z.B. kleine Briocheform) geben und abkühlen lassen.
3. Wenn der Vanillepudding abgekühlt ist, diesen auf einen Teller stürzen.
4. Mit der Himbeersauce übergießen und mit den frischen Himbeeren sowie den Minzeblättern dekorieren.

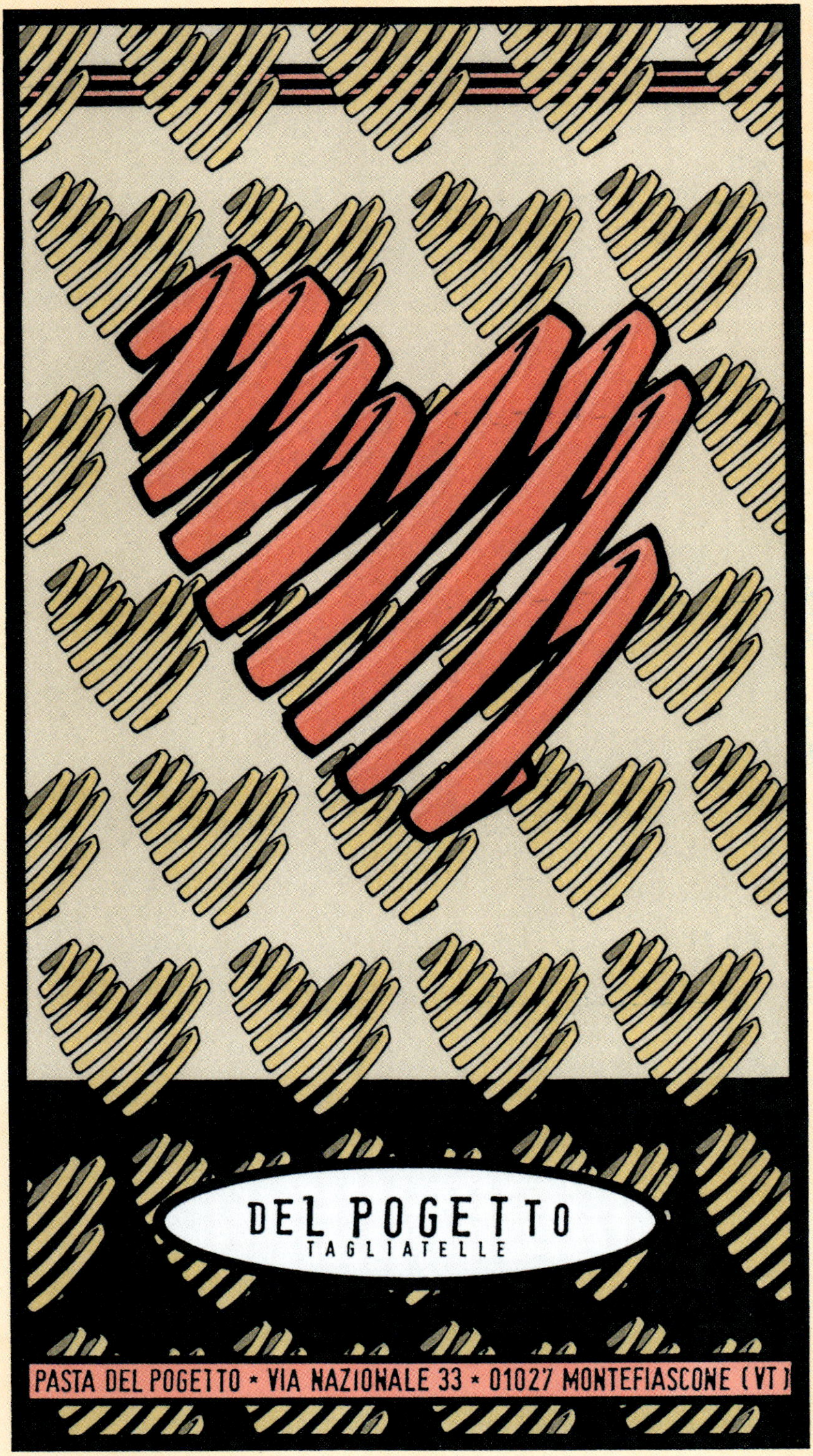
DEL POGETTO
TAGLIATELLE
PASTA DEL POGETTO * VIA NAZIONALE 33 * 01027 MONTEFIASCONE (VT)

Bunter Salat
mit Walnussvinaigrette
und Croutons

Rote Tagliatelle
mit Rosmarin
und Pfifferlingen

Exotischer Früchteteller
mit Marsala-Zabaione

Bunter Salat mit Walnussvinaigrette und Croutons
Rote Tagliatelle mit Rosmarin und Pfifferlingen
Exotischer Früchteteller mit Marsala-Zabaione

Zutaten Bunter Salat
150 g gemischte Blattsalate
1 Tomate
1/2 Gurke
2 Scheiben Weißbrot
etwas Butter
6 EL Walnussöl
2 EL Himbeeressig
1 EL Ahornsirup
Salz und Pfeffer, frisch gemahlen

Zutaten Rote Tagliatelle
160 g rote Tagliatelle
150 g frische Pfifferlinge
1 Schalotte
etwas Butter
50 ml Riesling
100 ml Sahne
1 Zweig frischer Rosmarin
Salz und Pfeffer, frisch gemahlen

Zutaten Exotischer Früchteteller
1 Zitrone
1 Orange
1 Kiwi
1 Mango
4 Erbeeren
1 Karambole
50 ml Rosenwasser
2 Eigelb
4 cl Marsala
50 ml Weißwein
30 g Zucker
etwas Schokoladenpulver

Bunter Salat mit Walnussvinaigrette und Croutons
Rote Tagliatelle mit Rosmarin und Pfifferlingen
Exotischer Früchteteller mit Marsala-Zabaione

Zubereitung Bunter Salat
1. Blattsalate waschen und trockenschleudern.
2. Bei der Tomate den Stielansatz entfernen und die Frucht in Spalten schneiden.
3. Gurke abwaschen und in Scheiben schneiden.
4. Weißbrotscheiben erst in Streifen dann in Würfel schneiden.
5. In einer Pfanne Butter erhitzen und die Weißbrotwürfel darin goldbraun anbraten.
Mit Salz und Pfeffer würzen.
6. Aus Walnussöl, Himbeeressig, Ahornsirup, Salz und Pfeffer eine Vinaigrette herstellen.
7. Die Blattsalate auf zwei Tellern anrichten, mit den Tomatenspalten und den Gurkenscheiben dekorieren.
8. Mit der Vinaigrette übergießen und zum Schluss die Weißbrotcroutons darüber streuen.

Zubereitung rote Tagliatelle
1. Salzwasser in einem Topf zum Kochen bringen. Nudeln zugeben und al dente (bissfest) kochen.
2. Pfifferlinge putzen, waschen und in gleichmäßige Stücke schneiden. Schalotten schälen und in Streifen schneiden.
3. In einer Pfanne Butter erhitzen, die in Streifen geschnittenen Schalotten und die Pfifferlinge darin anbraten, mit dem Riesling ablöschen, Sahne hinzugeben und etwas einkochen lassen.
4. Rosmarin zufügen und mit Salz und Pfeffer würzen.
5. Nudeln abgießen, in die Pfanne mit der Pifferlingsauce geben, alles durchschwenken und auf zwei Tellern anrichten.

Zubereitung Exotischer Früchteteller
1. Die Zitrone in eine Schüssel auspressen.
2. Orange, Kiwi und Mango schälen.
3. Aus der Orange die Filets auslösen, Kiwi in Scheiben schneiden. Bei der Mango das Fruchtfleisch längs zum Kern lösen und dieses ebenfalls Scheiben schneiden.
4. Erdbeeren säubern und vierteln, Karambole in Scheiben schneiden.
5. Alles in eine Schüssel geben, mit etwas Rosenwasser marinieren, vorsichtig vermengen.
6. Etwas Wasser in einem Topf bis zum Siedepunkt erhitzen.
7. Einen passenden Schlagkessel zurechtstellen.
8. Eigelb, Marsala, Zucker und Weißwein in der Aufschlagschüssel vermengen.
9. Masse langsam mit einem feinen Schneebesen auf dem Wasserbad schaumig aufschlagen.
10. Fruchtsalat etwas abtropfen lassen und auf zwei Teller anrichten.
11. Die aufgeschlagene Zabaione über den Fruchtsalat gießen, mit dem Schokoladenpuder bestäuben.

Wie das Wörtchen „Frühstück" schon sagt, handelt es sich hier um eine Art der Nahrungsaufnahme, die in der Frühe stattfindet. Im Grunde also nicht der klassischen Uhrzeit für ein „First Date" entsprechend. Wie aber eingangs bereits erwähnt, ist ein möglicher Erfolg des hier mehrfach angebotenen Dreigängemenus die hernach verbrachte gemeinsame „First Night". Muss nicht zwingend sein, die Mehrheit geht hoffentlich sowieso eher mit der Meinung der Autoren konform, dass der zügig vollzogene Geschlechterverkehr nicht zwingend eine längere Beziehung nach sich zieht; im Grunde sogar oft eher das Gegenteil, denn nicht umsonst hat sich für Blitzaktionen der Begriff „One Night Stand" etabliert. Und „One" ist „One", also eins, meint einmalig, nicht wiederholbar. „First Date" heißt „Erstes Treffen", das ja zumindest die Möglichkeit auf zweite, dritte, vierte, fünfhundertachtundvierzig oder eben unendlich viele Zusammenkünfte beinhaltet. Und wir hoffnungslosen Romantiker haben uns als Ziel dieses Buches die endlose Liebe aufs Banner gekritzelt. Nichtsdestotrotz kann es natürlich geschehen, dass der Gast nicht heim möchte, mit oder ohne Hintergedanken den Morgen auch noch mit dem Gastgeber verbringen mag und auch gerne das Sofa in Kauf nimmt, die Isomatte oder die berührungsfreie Bettstattteilung. Unserer Meinung nach, langfristigere Absichten vorausgesetzt, kann eine ohne jedweden Körperkontakt verbrachte gemeinsame Nacht fast prickelnder sein, als der flugs in die Tat umgesetzte Begattungstrieb. Aber wie sagt schon der für jeden Dreck herbeizitierte berühmte Lateiner: Suum cuique - jedem das Seine.

Wenn Sie also die Nacht, wie auch immer, mit Ihrem Gast verbracht haben, dann sind Sie besser dran, wenn Sie diese Möglichkeit schon tags zuvor in Erwägung gezogen haben und lecker Frühstücksgedöns einkaufen gingen. Ja, auch „Cerealien", die reklametechnisch geneudeutschten mit Milch/Saft zu versetzenden Variationen von Getreide. Die wichtigste Zutat, und für nicht wenige auch die einzige, ist ein guter Kaffee. Falls Sie über eine Espressomaschine verfügen, haben Sie eine werbeerprobte Abart des klassischen Weckers. Ist hinreichend laut, duftet herrlich nach frischen Bohnen und produziert ein Getränk, das durch seine Crema etwas appetitlicher ausschaut als der herkömmliche Maschinenkaffee. Sind Sie aber nicht stolzer Besitzer dieser Allzweckwaffe, dann gönnen Sie sich und Ihrem Besuch doch einmal einen handaufgebrühten Filterkaffee. Wenn Sie dazu den Wasserkocher einmal links liegen lassen und den verstaubten Kessel mit Pfeife hervorkramen, dann ist auch hier die Weckkomponente gegeben. Falls Ihr Gast eh lieber Tee trinkt, müssen Sie diesen erstens parat haben (kaufen Sie ruhig neben dem klassischen schwarzen auch die eine oder andere Variante!) und haben zweitens erneut die Möglichkeit, auf netteste Art die Nacht durch einen nervtötendes Geräusch zu beenden.

Die zweitwichtigste Zutat ist das Backwerk, der König dieses Teilchengebietes ist und bleibt das frische Brötchen, das heutzutage selbst in Kleinstdörfern auch sonntags zu erstehen ist. Machen Sie sich also als erstes auf, eine wohlduftende Tüte randvoll mit Brötchen jedweder Backmischung zu holen. Brötchen „holt" man irgendwie, man kauft sie nicht, man holt sie. Wie auch Milch und Zigaretten. Vergessen Sie aber nicht, dass „holen" nicht mit „umsonst" gleichzusetzen ist.

Wenn Sie dann noch zwei oder drei geschmacklich verschiedene Marmeladen, eine kleine Käse-/Wurstvariation da haben, sind Sie ganz gut gewappnet für ein gelungenes Frühstück.

Bei der Wurst-/Käse-Geschichte raten wir übrigens, auf die verschweißte Version zu verzichten. An der Frischetheke ist erstens die Auswahl etwas größer und zweitens haben Sie die Möglichkeit, von allem, was lecker aussieht, kleinere Mengen zu erstehen, was mindestens das Auge erfreut und zusätzlich gewährleistet, dass bestimmt auch etwas dabei ist, das Ihren Gast erfreut.

Wenn Sie selber ihn ohnehin gern essen, dann stocken Sie doch einfach das Ensemble durch etwas Fisch auf. Den gibt es in geräucherter Form immer häufiger in gut sortierten Supermärkten gleich rechts neben der Wurst-/Käsetheke.

Das ungekrönte Zurüstteil ist das Ei. Warten Sie aber mit der Zubereitung auf die Ansprechbarkeit und Zurechnungsfähigkeit Ihres Gastes. Die derbere Variante ist die Ei-/Speck- Kombination, wobei eben auf die Wünsche Ihres Gegenübers eingegangen werden sollte, sprich: werden Spiegeleier gewünscht, machen Sie Spiegeleier!

Verlangt man nach Rühreiern, machen Sie Rühreier!

Auch mit dem gekochten Ei kann man einiges falsch machen, denn den einen oder anderen überkommt heftigster Ekel, wenn er Weicheier nur sieht.

Grundregel: Wasser zum Kochen bringen, Ei rein, exakt sechs Minuten kochen lassen, gut abschrecken, und Sie haben ein weich gekochtes Ei. Um auf Nummer sicher zu gehen, lassen Sie das Ei weitere zwei Minuten im Wasser, um ein bretthartes Resultat zu erzielen.

Wollen Sie direkt Schwung in das erste gemeinsame Frühstück bringen, dann halten Sie kalt gestellten Sekt bereit.

Auch diverse gekühlte Fruchtsäfte sind am Morgen gern gesehene Fitmacher, gerade wenn am Abend zuvor ein kleines bisschen zuviel Alkohol im Spiel war, wovon wir aber zum wiederholten Male abgeraten haben möchten.

Also: wenn Sie sowieso gerade die Einkaufsliste für die Menuzutaten zur Hand haben, ergänzen Sie sie doch geschwind durch:

Kaffeepulver, 2–3 Sorten Tee, Butter, „Cerealien", Milch, Frühstücksspeck, 2–3 Marmeladen, 3–4 Käsesorten, buntes Aufschnittsgemisch, Eier, Sekt, diverse Fruchsäfte.

Die Brötchen haben wir bewusst in dieser Liste ausgespart, die sollten Sie wirklich am Morgen frisch vom Bäcker holen. Wir raten übrigens von der Aufbackversion ab, obwohl diese einen gewissen olfaktorischen Vorteil hat und die Wohnung mit dem Duft frischen Backwerks aromatisiert.

Vergessen Sie aber nicht, dass auswärts geholte Brötchen einen besseren Eindruck machen, zumal Sie dafür „extra" ihr Zuhause verlassen. Und wir sind uns wohl einig, dass allein in vier Wänden aufzuwachen, die nicht die eigenen sind, einen gewissen Reiz hat. Was natürlich keinesfalls bedeuten darf, dass sofort alle Schubladen und Schmuckkästchen Freiwild sind und Ihr Gast sich mit den schönsten Stücken Ihrer Sammlung über die berühmten „alle Berge" machen darf. Aber, und so stellen wir uns das eigentlich vor, Ihr Gast ist ja sowieso der netteste, reizendste und vertrauenswerteste Mensch auf Erden, dem Sie von der ersten Sekunde an eh alles, was Ihnen gehört, überschreiben würden, gell? Falls Sie übrigens zu der Gattung „Morgenmuffel" gehören, springen Sie über Ihren Schatten, und geben Sie sich Mühe, charmant zu sein. Ihr Gegenüber wird es Ihnen durch schiere Anwesenheit leicht machen.

Das wußte schon die Großmama:
Floyds
PERSISCHER
SAFRAN
...macht den Kuchen gel!
F. LOYDS PERSISCHER SAFRAN-BEWÄHRT SEIT 60 JAHREN!

Kleine Aphrodisiakakunde

„Aphrodisiaka" – neben „Massachusetts" und „Grand Prix d´Eurovision de la Chanson" ein Garant für Sprachstolperer allererster Kajüte. Während „Massachusetts" mit „U.S.-Bundesstaat" und „Grand Prix d´Eurovision de la Chanson" mit „Wettbewerb, wo die gegeneinander singen" in der Regel richtig erklärt werden, tut sich die Mehrheit mit der korrekten Bedeutung von „Aphrodisiaka" eher schwer. „Die machen geil!", „Da kann man besser Liebe von machen!" und „Die sind gut für meine Fingernägel!" sind die häufigsten Nennungen. Geht man davon aus, dass zerkratzte Rücken bei nicht wenigen zu einem gelungenen Liebesakt gehören, könnte man sagen, dass alle drei Erklärungen irgendwie richtig sind. Denn: Ja! Aphrodisiaka steigern die Libido, dass es eine Art hat. Rezeptfrei und zudem schmackhaft! Wobei nicht unentscheidend ist, auf welche Art und in welchem Ambiente die kleinen Lustmacher gereicht werden. Wer sich z.B. mit einem Bund Petersilie in den feuchtkalten Keller verzieht, wird, ist er nicht irgendwie „anders", in der Regel kaum ein gesteigertes Lustaufkommen empfinden. Wenn aber bei einem stimmungsvollen Mahl, zu dessen Geschmack auch ein Bund Petersilie beitragen mag, sich zwei wie auch immer aneinander interessierte Menschen gegenübersitzen, so kann es durchaus sein, dass das mühsam und bewusst zusammengestellte Kleiderensemble in Sekundenschnelle zu einem achtlos hingeworfenen Häufchen Klamotten wird.
Aber Obacht: Hauen Sie jetzt nicht schamlos Tonnen an aphrodisierenden Zutaten in Ihre Speisen, nur um schnellstmöglich ans Ziel Ihrer Träume zu gelangen!
Man wird es Ihnen anmerken, und wie gesagt, Aphrodisiaka wollen gehegt und gepflegt werden, dann erst entfalten sie ihre betörende Wirkung. Und, zu Ihrer Beruhigung: In jedem Menu dieses Buches wurden hinreichend kleine Helfer versteckt, als da wären:
Basilikum, S.6, 54, 62 – Ei, S.6, 10, 18, 32, 36, 40, 50, 54, 62, 80 – Gurke, S.50, 80 – Knoblauch, S.18, 32, 46, 54, 58, 68 – Kresse, S.14, 63 – Muskatnuss, S.10, 28, 54 – Nelke, S.10, 58 – Oregano, S.6, 54 – Petersilie, S.6, 10, 14, 32, 36, 46, 54, 58, 62 – Pfeffer, S.6, 10, 14, 18, 24, 28, 32, 36, 40, 46, 50, 54, 58, 62, 68, 72, 76, 80 – Rosmarin, S.46, 80 – Safran, S.28 – Schnittlauch, S.6 – Spargel, S.72 – Tomate, S.6, 18, 28, 46, 50, 54, 58, 68, 72, 76, 80 – Wacholderbeeren, S.14 – Zimt, S.36, 40, 58, 62 – Zwiebel/Schalotte, S.6, 10, 14, 24, 28, 36, 40, 46, 54, 58, 62.

Und? Nun zufrieden? Mehr können wir nicht für Sie tun!
Den Rest müssen Sie nun ganz alleine schaffen.
Gutes Gelingen!

Notizen

Notizen

Index

Sweeney, S.6
Sweeney „mit frdl.Grüßen" war das, was mir jedesmal durch den Kopf schoss, wenn ich an jenem Gebäude in Brooklyn, New York, vorbeistiefelte, auf dessen Dach in fetten Lettern der Schriftzug „Sweeney MFG" prangte. Und es war das Gebäude, welches mir beibrachte, dass der Strom nicht gelb, sondern zumindest in Amerika eher grün ist. Also, beim nächsten New York Trip unbedingt zum Sonnenuntergang die Brooklyn Bridge von Manhattan kommend besteigen und wacker gen Brooklyn wandern. Am Ende sind dann in der Regel die Latüchten an und „Sweeney MFG" leuchtet grün in die Fototapete.
Überflüssig zu erwähnen, dass nach gelungenem First Date ein Liebesurlaub in New York dieses Erlebnis in ungeahnte Höhen katapultieren würde.

Lieblich, S.10
„Herr Lieblich, Herr Lieblich!" mit mexikanischem Akzent und sowas von gehörig verzweifelt ausgestoßen gehört zu dem filmischen Meisterwerk „In Colorado ist die Hölle los". Nicht bekannt? Macht nichts, so wie Heiligabend immer auf den 24. Dezember fällt, der Frühling stets dem Winter folgt und die lieben Frauen die lieben Kleinen zur Welt bringen, so sicher gibt es pro Jahr wenigstens eine Ausstrahlung dieses Westerns mit Glenn Ford, Shirley McLaine und einem noch nicht verrücktkanonigen Leslie Nielsen. Der Plot: ein Mann (Ford) kommt mit einer gewonnenen Schafherde, die er selber nicht sonderlich mag, in eine Viehzüchter-Stadt, deren Einwohner Schafe auf den Tod nicht ausstehen können, und verliebt sich in die Verlobte (McLaine) des ortsansässigen Bösewichts (Nielsen).
Wir wollen zwar Frischverliebte nicht zwingend vor die Glotze treiben, aber „In Colorado ist die Hölle los" ist einer von ca. neun durchaus legitimen Pärchenfilmen.

Wacker Mathild, S.14
Eine Gottheit unter den Schreibern ist zweifelsohne der gute Herr Henscheid, der mit seiner köstlichen „Trilogie des laufenden Schwachsinns" in den ersten beiden Bänden „Die Vollidioten" und „Geht in Ordnung – sowieso — genau —-" herrlichste Liebesbemühungen und chaotischste Balzerei dem Leser näherbringt, wie es schöner nicht geht. Die „Wacker Mathild" ist ein Lokal, in dem einerseits der Erzähler einer Zwillingsdame nachsteigt und wo andererseits innerhalb von drei Tagen über „1100 Sechsämtertropfen, 46 Flaschen Sekt und zirka 870 Weizenbiere verzehrt wurden". Das Scheitern des Galans hat zwar nicht zwingend etwas mit den gigantischen Alkoholmengen zu tun, darf aber zu Recht noch einmal auf die Nachteile des unmäßigen Genusses von Teufel Alkohol hinweisen.

Hans Doll, S. 18
Hans Doll gibt es nicht. D.h. ich kenne keinen Hans Doll. Da ich aber sturköpfig auf den ja wohl herrlich altbackenen Reklame-Spruch: „Liebesdoll mit Maronen von Hans Doll!" im Leben nicht verzichten mochte, musste der Herr kurzerhand ins Selbige gerufen werden. Falls auf Gottes weiten Wegen doch irgendwo ein Hans Doll herumstiefelt, so ziehe ich eben Gesagtes natürlich stante pede zurück, und behaupte: Hans Doll ist der allerbeste, allerliebste, allerhübscheste und zudem allertalentierteste Mensch, den die Welt je sah. Ich möchte auch nicht vergessen zu erwähnen, dass, wenn einer seinem Namen alle Ehre macht, dies der von mir höchst verehrte Herr Doll ist. Bitteschön.

Nachtigall, S.22
Wer die Nachtigall stört, bekommt Ärger mit dem Vogel. Oder will in blumiger Sprache von etwas reden, das man lieber in Ruhe ließe. Oder meint den Roman von Harper Lee aus dem Jahr 1960. Der zwar nicht gerade romantisch im klassischen Sinne ist. Eigentlich sogar in absolut keinem Sinne. Mich aber trotzdem beeindruckt hat. Schwer. Musste ich hier einmal loswerden.
Und wer mit Weltliteratur angeben möchte (Grundsätzlich raten wir von Angeberei jedweder Couleur ab!), das Lesen aber nicht unbedingt zu seinen Lieblingsbeschäftigungen zählt, der kann, oh Wunder, auch auf einen sehr schönen Film in schwarz und in weiß mit Herrn Gregory Peck zurückgreifen, um sich den Stoff reinzupfeifen.
Die Nachtigall, losgelöst vom Roman, ist natürlich zudem ein Tierchen, das durch seinen liebreizenden Gesang die Herzen der Menschen mit Freude füllt und bei Shakespeares Romeo und Julia so etwas wie eine Uhr spielt, die irgendwie falsch geht. Hier soll der Singvogel den Gastgeber eigentlich hauptsächlich daran erinnern, dass die für den Abend aufzulegende Musik mit Bedacht zu wählen ist. (S. auch S.22/23)

Index

Larsen (Glen. A. Larson). S.24
Die zwei Dinge. die den Chemieunterricht mittwochs in der ersten Stunde erträglich machten. waren Christina in der zweiten Reihe und „Dallas" am Abend zuvor. Es geht dabei nicht um die Qualität dieser TV-Serie. sondern sozusagen um die Quantität. Will sagen: Der Vor- und Abspann waren das. was wichtig war. Jeden Mittwoch. wenn es eigentlich darum ging. chemische Kürzel auswendig zu lernen und zu begreifen. welches Zeug mit welchem anderen Zeug was genau anrichten kann. wurde in Reihe drei abgefragt. wer in der letzten Folge Best Boy. Script Girl oder Regisseur (das wechselte nämlich von Folge zu Folge) war. Und so kam es. wie es kommen musste. der Nachbar dachte. er könne mit der Frage nach dem Executive Producer von Folge 81 punkten und der Lehrer wollte mir mit einer ganz besonders einfachen Frage eine weitere Chance geben. doch noch versetzt zu werden. Dass auf die Frage „Wie heißt das lateinische Wort für Silber? Helge?" „Äh...Glen A. Larson!" nicht die richtige Antwort war. führte dazu. dass ich noch in derselben Stunde. mitten im Schuljahr. versetzt wurde. Und zwar weg vom TV-Rateteam und hin zu. richtig. Christina in Reihe zwei. Mit anderen Worten. meine Leistungen in diesem wertlosen Fach wurden zwar nicht im Ansatz besser. das verträumte Dasein neben der bezaubernden Schönheit allerdings fasste der Unterrichtende als hochkonzentriertes Bemühen auf. doch noch etwas lernen zu wollen und belohnte mich ausgangs für ehrliche null Wortmeldungen mit einer 4-.
Danke. Mr. Larson.

E. Hovden. S. 28
So. nächster großer Mann des geschriebenen Wortes: John Steinbeck.
„Die Strasse der Ölsardinen" ist ein Roman und eine real existierende Straße in Monterey. Kalifornien. Die echte „Cannery Row" ist zwar heutzutage eine Drecksdisneybutzitouristenattraktion. in der sich ausschließlich der Amerikaner vor „fun" und „joy" in die wurstigen Hände patscht. die aber. spickt man einmal durch buntbeschmierte Lattenzäune hindurch. noch ein wenig das Flair der guten. alten Tage vermitteln kann. Und eines der Gebäude. die rostig und windschief in zweiter Reihe stehen. ist die ehemalige Konservenfabrik von Herrn Hovden. Ich kann mir nicht helfen. aber manchmal darf jemand gar nicht anders heißen. als er es tut. Ein Mensch. der tote Fische schmackhaft zubereitet in Dosen legt. MUSS einfach den Namen „Hovden" tragen. Ehrlich. Egal. der Roman „Die Straße der Ölsardinen" und sein zweiter Teil „Wonniger Donnerstag" jedenfalls haben für mich immens viel mit Herrn E. Hovden zu tun und beschreiben ansonsten die mehrheitlich eher bescheidenen Versuche eines Meeresbiologen. der Dame seines Herzens seine Gefühle derart mitzuteilen. dass sie es auch begreift.
Da man vom Protagonisten eigentlich sehr schön lernen kann. wie man es nicht machen sollte. verbuchen wir dieses kleine Literaturjuwel 'mal als 1A Lehrbuch.

S. Beckett. S.32. S.54. S.62
Und da wir gerade dabei sind: tiefe Verneigung auch vor Herrn Samuel Beckett!
In „Dante und der Lobster" geht es. sowieso. genau. um einen Lobster/Hummer.
Hat nur ca. 20 Seiten das gute Stück und lehrt uns nebenbei noch. wie man einen Toast NICHT zubereitet. Die Namensgeberin für den Champagner. Mme. Glain (S. 54) entstammt derselben Geschichte und gibt dort die Französischlehrerin der Hauptperson.
„Watt" (S. 62) ist der Name des Protagonisten im gleichnamigen Roman von Beckett. Falls einer unserer geschätzten Leser von nagendem Zweifel an seinem gesunden Beziehungsgehabe besessen ist. dem raten wir. „Erste Liebe" von Beckett zu lesen. Am besten vor dem First Date. Das gibt einem das beruhigende Gefühl. wie normal man eigentlich ist. Steigerung des Selbstwertgefühls garantiert.

Ritter. S.36
Arme Ritter. Lecker und für mich auf ewig. ich weiß gar nicht mehr wieso. mit einem Großonkel väterlicherseits verbunden. Dieser Mann hatte einen Lehrauftrag für Bildhauerei in Flensburg. bewohnte dort das immer noch schönste mir bekannte Haus. war. glaube ich. einer der letzten Gentlemen überhaupt. trug stets edelsten Zwirn. fuhr einen alten Sportwagen und hat mich wahrscheinlich am nachhaltigsten versaut. was den Wert schöner Dinge angeht. Für mich ist es. solange ich denken kann. immer weitaus wichtiger gewesen. dass etwas schön aussieht. als dass es einwandfrei funktioniert. Und in der Regel muss ich das. was schön ist und mir gefällt. auch am besten in derselben Sekunde haben. Was zur Folge hat. dass ich über haufenweise äußerst putzenden Zierrat verfüge. den ich aber bei meinen gesammelten Umzügen nie und nimmer auch nur ansatzweise in meinen zwar traumhaft hübschen. aber leider Gottes nahezu ohne Kofferraum daherbrummenden alten Sportwagen bekomme. Ein weiterer netter Effekt dieser Sammelleidenschaft ist das regelmäßige Telefonat mit meinem Banker. der mein „Kaufverhalten" gepaart mit meinem „Kontostand" wortgewandt zu „Beschaffungskrimina-

lität" vereint. Tja, vermutlich war es dereinst bei Johannes Buchholz, wo mein Gaumen den Erstkontakt zu armen Rittern bekam.
Und das muss weit über 20 Jahre her sein, denn „Onkel Hanni" Buchholz ist zu meinem völligen Unverständnis 1977 und ohne meine Erlaubnis ins Holzjackett gestiegen. Was ich ihm übrigens heute noch nicht verzeihe.
Umso mehr erfreut war ich dann Jahrzehnte später, als auf der Tageskarte des vom Coautor geführten Spitzenrestaurants „Haferkamp" unter Desserts „Armer Ritter" auftauchte. Und noch viel erfreuter, als der gute Frank ungebeten den armen Ritter auch noch in unser Kochbuch setzte. Für mich hat wie gesagt diese Nachspeise etwas ganz Besonderes, Edles und Altes im positivsten Sinne, und falls Sie selber keine Gänsehauterinnerung mit dieser Leckerei verbinden, denken Sie doch in Zukunft einfach an Onkel Hanni. Glauben Sie mir, es lohnt sich!

Traubert´s, S.40
Jeder kennt es, das Spiel mit der einsamen Insel und der einen CD, die man mitnehmen darf. Klar ist das schwierig, und sicherlich schwankt die Entscheidung diesbezüglich im Sekundentakt. Wenn es aber darum geht, dieses eine Stück Musik dabei zu haben, das einem im Ernstfall wichtiger ist als Wasser und Wurst, so steht Tom Waits mit seinem „Tom Traubert´s Blues" so weit oben auf der Liste, dass nur hin und wieder die berühmte Tagesform diesen Titel vom Sockel stößt.
Wir geben zwar auf den Seiten 22 und 23 unsere Musiktips ab, diese sind aber dort bewusst neutral gehalten. Wer die Chuzpe zu einem gehörigen Nachschlag Schmalz hat, dem sei dieser nach der Kleenexbox schreiende Melodienschatz wärmstens ans Herz gelegt.

J. Clouseau, S.44
Jacques Clouseau, menschgewordene Apokalypse, schafft es durch Trotteligkeit in Perfektion, die Herzen der Zuschauer und – oh Wunder – der bezauberndsten Damen zu gewinnen. Lassen Sie sich also nicht schon im Vorfeld aus der Bahn bringen, weil immer Sie es sind, der auf der Bananenschale ausrutscht, weil immer Ihr Schuh den Kontakt zum Hundehaufen sucht, weil es scheinbar zum Lauf der Welt gehört, dass, wenn etwas umfällt, garantiert Sie Ihre Finger im Spiel haben. Wenn Sie der Erste sind, der darüber lacht, haben Sie die Sympathien auf Ihrer Seite. (Brechen Sie aber nicht in haltloses Gequietsche und Geschepper aus, wenn Sie als Gast mit einer eleganten Drehung das Geerbte des Gastgebers aus Meissen vernichten...)

J. Lundegaard, S.46
Jerry Lundegaard tut einem Leid. Einen liebenswerteren Vollversager als diesen in Geldnöten steckenden Autoverkäufer, der in „Fargo" (Ort und Titel des überragenden Coen-Films) die Entführung seiner Gattin anleiert, hat man auf der Leinwand selten gesehen. Womit wir im Grunde erneut bei dem Thema „Schwächen können peinlich sein, müssen es aber nicht!" wären.
Hat man für sich selber einmal beschlossen, nicht der tollste Hecht im Teich zu sein, so muss man auch nicht mehr versuchen, dies nach außen zu gaukeln. Der Schwindel flöge eh über kurz oder lang auf. (Ganz nebenbei: Mit dem Aufkommen der täglichen Talkshows und den größtenteils dazugehörigen minderbemittelten Insassen scheint die Variante „kurz über lang" (?!?) immer hoffähiger zu werden. Das aber wie gesagt nur nebenbei.)

Fratelli Barca, S.50
Vor viel zu langer Zeit führte der wohlwollende Urlaubsgott mich und meine damalige Dame in die umwerfende Toscana. Und wenn hier irgendjemand mit unserer Hilfe den Herzepartner fürs Leben findet, dann bin ich fast versucht, ihn zur „Bestrafung" zu diesem zauberhaften Flecken Erde zu schicken. Ich möchte wetten, dass jeder, der halbwegs gesund in der Birne ist, mit Bildern in derselben heimkehrt, die noch Jahre später beim Erinnern sofort Verliebtheitsgefühle reanimieren. Bei mir funktioniert das heute noch. Gott sei Dank fällt mir aber meist schnell genug ein, dass die damalige Reisebegleiterin mitsamt dem Beziehungskasten längst von dannen zog. Wir zwei Hübschen übrigens waren dortmals nahezu jeden Abend im klitzekleinen Schnuckelörtchen Paganico in einer Restauration namens „Fratelli Barca" speisen. Drei Wochen lang. Jeden Abend. Die anfänglichen Verständigungsschwierigkeiten schwanden deshalb immer mehr gen Null. Zum Schluss konnten die tatsächlich ganz gut Deutsch.
Nochmal zum Mitschreiben: Wenn Sie die Toscana noch nicht gesehen haben, dann geben Sie sich mal fein Mühe, Ihr First Date anständig über die Bühne zu bringen, und planen Sie Ihren ersten gemeinsamen Urlaub ebendorthin. (Sie sollten es aber vermeiden, schon mit Reiseprospekten aufzukreuzen, während Ihr Gast gerade die letzten Dessertkrümel aus dem Mundwinkel befreit!!)

Capulet, S.58
Muss ich viel erklären? Zu den Montagues? Oder den Capulets? Ich denke, eher nicht. Handelt es sich doch bei diesen Elternpaaren um die gebeuteltsten Erziehungsberechtigten der Literaturgeschichte. Dass der Spross der einen Romeo und das Kind der anderen Julia heißt, ist an und für sich noch nichts Weltbewegendes. Auch die Tatsache, dass die lieben Eltern sich nicht sonderlich gut riechen können, ja sogar spinnefeind sind, kommt in jedem Kuhdorf vor. Selbst der dumme Zufall, dass die beiden Kleinen sich ineinander verlieben, obwohl die Großen entschieden dagegen sind, ist nicht ganz neu. Der eigentliche Unterschied zu den Schmidts und Müllers ist, dass deren Romanze, wenn überhaupt, in maximal zwei Spalten von jemandem beschrieben wird, der hinter seinem Namen die Erklärung „Lokales" führt. Und nicht von Shakespeare. DEM Shakespeare. Und wir dürfen alle miteinander heilfroh sein, dass der gute Mann die beiden Verknallten nicht etwa Hansbert und Irmgard genannt hat.
„Du bist mir vielleicht ein Hansbert!" klingt nach allem möglichen in die Hose gegangenen, aber sicher nicht nach Bravourleistungen in Liebesdingen.
Da in eisigen Zeiten wie den unseren das gemeinsame Lesen mindestens verpönt ist, der Jahrhunderte alte Stoff aber auch heute noch nichts an Schmonzenz und Rührigkeit verloren hat, gibt es zwei Möglichkeiten, die berühmteste Balzerei der Welt in die Neuzeit herunterzuladen: Erstens als Video (kann man zur Einstimmung auf einen romantischen Abend sehr schön kurz vorher alleine gucken, oder aber als zweiten Nachtisch servieren. Es muss aber auch nicht schon wieder ferngesehen werden...). Und zweitens als Musikstück. Da gibt es, je nach Geschmack, die klassische Variante des Herren Prokofjew, oder die etwas modernere des Soundtracks zum Film mit L. Carpaccio.
In allen Fällen kann man sich darauf verlassen, dass schon das Erwähnen Romeos und Julias ganzen Abenden die Laufrichtung verpassen wird.

J.E. Coen, S. 66
Die Brüder Joel und Ethan Coen machen Filme. Außergewöhnliche Filme.
„Fargo" z.B. (s. Jerry Lundegaard), oder „The Big Lebowski". Beide auf Ihre Art umwerfend, pickepackevoll mit liebenswerten Menschen, irgendwie möchte man sogar die Bösen knuddeln. Weil diese Filmchen aber geguckt werden müssen, in Ruhe, ohne liebreizende Ablenkung von links, weisen wir ausdrücklich darauf hin, dass mit dem Einschieben der VHS-Kassette der Abend ruiniert sein dürfte. Variante eins: Er will den Film gucken, sie möchte knutschen, das riecht nach Zwist. Variante zwei: Sie will den Film gucken, er kennt ihn schon und lacht mit ständig gebrabbeltem „pass auf, jetzt gleich.." immer exakt 3 Sekunden vor dem Witz und nickt dabei albern alles wissend mit der Rübe. Variante drei: Beide wollen alles, nur keinen Film anschauen, trauen sich aber das Knutschen nicht, weil im Vorfeld der Film als „großes Kino, einmalig, muss man gesehen haben, wie, den kennst Du nicht usw." in den Himmel gelobt wurde und man beidseitig Angst hat, durch so etwas Profanes wie Zungenküsse totales kulturelles Desinteresse zu zeigen.
Also: Falls aus dem First Date eine Beziehung wurde und man nach sagen wir mal 9 1/2 Wochen wundgekuschelt ist, dann darf man durchaus mit dem Gedanken spielen, einmal 2 Stunden ohne Gerede o.ä. miteinander einen guten Film zu genießen.

McLaughlan (MacLachlan), S.68
Und auch wenn der aufmerksame Leser mittlerweile gemerkt haben dürfte, dass die laufenden Bildchen im Autorenteam bei zumindest einem einen Platz an der Sonne haben, soll hier noch einmal darauf hingewiesen werden, dass für unsere First Dates die Glotze lieber kalt bleibt. Es handelt sich bei den bisher erwähnten Filmzitaten ja auch lediglich um Verneigungen des Illustrators vor der einen oder anderen Meisterleistung. Und die erfundenen Produkte der Illustrationen auch noch mit erfundenen Namen zu versehen, hätte den Verzicht auf die Möglichkeit geheißen, endlich mal Danke zu sagen. Kyle MacLachlan nun ist der Darsteller des Special Agent Dale Cooper in David Lynchs Granaten TV-Serie „Twin Peaks". Jemand, der permanent seinem Diktiergerät erzählt, wo es phantastischen Kirschkuchen oder verdammt guten Kaffe gibt und zudem die äußerst bezaubernde, und um ihm zu gefallen, splitterfasernackend daherkommende Audrey Horn aus Anstand sich wieder bekleiden lässt, hat meine höchste Achtung. Obwohl es natürlich fast nichts Dämlicheres gibt, als technischen Geräten Backwaren zu beschreiben oder ohne vorherige Bekochung sich ausgezogen habende Damen wieder einzupacken.
Was natürlich nicht bedeuten soll, dass unser Hauptansinnen ist, den ersten Abend mit wild herumliegender Garderobe zu beenden. Da das jedoch durchaus passieren könnte, ist es wohl nicht zuviel verlangt, dem Gastgeber ans Herz zu legen, die Bettstatt frisch zu beziehen. Dem Bad und dem Zustand der Bekleidung widmen wir uns des weiteren in der Rubrik „Kleine Benimm/Kleiderordnung" auf S. 66/67.

P. Nübler, S.72
Wir sind wieder bei Herrn Henscheid, der im Grunde das tat, worum ich mich wie eben erwähnt schön drückte, nämlich der Namensgebung bei erfundenen Personen. Zwei Herrschaften, die für den Romanverlauf komplett unwichtig sind und auch nur in einer Zeile beiläufig als Passanten erwähnt werden, sind der Höllerer Tschumpen und der Nübler Pit. Grund genug, zumindest einem von ihnen in Form eines erstunkenen Gemüsehändlers die Referenz zu erweisen.

Poppies, S.76
Die Überlegung zu der Illustration auf S.76 ging in etwa folgenden Weg: Okay, da taucht Spinat auf. Was gehört zu Spinat? Kinder mögen ihn nicht. Als Illustrationsthema unbrauchbar. Und Popeye! Genau! Der isst das – und dann kann der alles. In der Regel zur Rettung seiner geliebten Olivia! Zack! Bezug zur Liebe gegeben. Da aber Popeye nicht nur ein Seemann mit offensichtlich vier Unterschenkeln ist, sondern zudem auch eingetragenes Warenzeichen, sieht der hier nicht ganz so aus wie sonst und wurde kurzerhand zum Namensgeber einer Spinatfabrikation in „Poppies" umbenannt. Falls also das spinathaltige Menü gereicht wird und das Böse überraschend zu Besuch kommt, dann geben Sie ihm, sind Sie das Männchen, mit Schmackes auf die Nase und vertrauen Sie, sind Sie das Weibchen, blind der Wirkung von Spinat auf erwachsene Männer.

Del Poggetto, S.80
Hier haben wir einen Mönch. Einen Literaturmönch. Aus der Feder Umberto Ecos.
„Im Namen der Rose" heißt das Meisterwerk. Im Grunde hätte ich gern den jungen Mönch, der trotz zölibatären Gehabes die Liebe kennenlernt, als Namensgeber für das Nudelprodukt gewählt.
„Tagliatelle Adson von Melk" allerdings klingt weder nach italienischen Teigwaren, noch besonders lecker. Also musste der unbedeutende Bruder Del Pogetto herhalten. Nichtsdestotrotz gilt die eigentliche Verbeugung stellvertretend allen Menschen, die aus welchen Zwängen auch immer herausbrechen, um sich mit Herzeblut in Liebesdinge zu stürzen. Wobei ich als hoffnungsloser Romantiker den Stoff des Herrn Eco allein dadurch ruiniert hätte, dass meine Kutte wegen einer liebreizenden Dame schneller auf dem Müll landen würde, als Du Papp sagen kannst.

Cosini, S.84
Zeno Cosini. Der Mann verliebt sich in die hübscheste von drei Schwestern, begehrt sie derart, dass er ihr zu unpassendster Gelegenheit einen Antrag macht, gnadenlos ablitzt, sich ca. 20 Sekunden berappelt, auf die zweithübscheste, die zuvor kaum eines Blickes gewürdigt wurde, zuprescht, um auch diese um ihre Hand zu bitten, wiederum einen Korb erhält, der sich gewaschen hat und sich nunmehr vollends verwirrt der eigentlich nie gesehenen und alles andere als attraktiven dritten als Ehegatte anbietet, was diese aufgrund der Kenntnis ihres Marktwertes sofort akzeptiert. Die Ehe wird geschlossen, hindert den guten Zeno aber keineswegs daran, weiterhin den beiden Schwestern und auch sonst nahezu jedem Rock nachzusteigen. Das eigentlich Verblüffende an dem ganzen Gehampel ist die Tatsache, dass dem umtriebigen Herren am Ende die unansehnlichste der drei Schwestern der schönste, wichtigste und liebenswerteste Mensch auf Erden ist. Schön, was? Versuchen Sie also, sofort hinter die Kulissen zu schauen. Wenn Sie sich zu lange Zeit nehmen, ist die Vorstellung unter Umständen vorbei.

Floyds, S.86
Kurz und knapp: Floyd ist die Hauptperson im kleinen deutschen Film „Absolute Giganten".
Absolut sehenswert, absolut ergreifend. Hamburg als Kulisse, die einem den Atem raubt.
Mit Hafen. Und Möwen. Ein Film eben wieder.
Ich hör lieber auf.